SHODENSHA
SHINSHO

恨《ハン》の国・韓国

――なぜ、日韓は噛み合わないのか

金 慶珠

祥伝社新書

はじめに

「ビバ！　パパ！（Viva! Papa!）」

法王万歳を叫ぶこの歓声が韓国中に響き渡ったのは、二〇一四年八月のこと。ローマ法王フランシスコ一世がアジアで初めて、そして唯一の国として韓国を訪問したのです。ソウルの中心地・光化門《クアンファムン》広場で行なわれたミサには、全国から約一〇〇万人が集まったといわれ、まさに法王シンドロームとも呼ぶべき現象が、夏真っ盛りの韓国をさらに熱く盛り上げていました。

同年四月に起きたセウォル号事件の余韻があったとはいえ、宗教を持つ韓国人の割合は、人口の約半分。キリスト教系は新旧合わせてそのうちの三割に満たないこの国で、いったい何が人々をこれほどまでに熱狂させたのでしょうか？

思えば、こうした熱気は今回がはじめてではありません。

二〇〇二年のワールドカップの時も、韓国チームを応援する赤い服のサポーターたちがそれこそ街中を埋め尽くし、老若男女を問わず、「テーハンミングッ！（大韓民国！）」を叫んでいました。二〇〇八年の狂牛病騒動の際にも、政府の方針に反対する人々で市内は溢《あふ》れかえり、彼らが手にしたロウソクの光は、連日連夜でソウルの夜を灯《とも》しました。二〇〇五年頃からは、人口わずか五千万の韓国で、入場客数が一千万を超える映画が続出し、国民的俳優や国民的歌手の存在は後を絶ちません。

これらの現象を前に、要は「韓国人は熱しやすく、冷めやすいのだ」と誰もが指摘し、何となく納得しています。アジアのラテン系と言われることもあれば、アイルランドの人々にたとえられることもある。しかし本書において注目するのは、こうした熱気の根源であり、単なる一過性の盛り上がりでは説明できない、韓国的思考方式の特徴です。そして、そのキーワードである「恨《ハン》」の正体でもあるのです。

文化論とは、下手《へた》をすればタチの悪い性格占いのようなものであるというのが私の持論ですが、それでも巷《ちまた》に溢れる文化論には熱心に耳を傾けてしまいます。その一番の理由は、どんな対象であれ、そこに個性という名の魅力が見出《みいだ》されるからであり、その個性に潜む光と影の両面が織り成す世界の独特の面白さがあるからです。

韓国人にとっての恨も、まさにそうした個性であり、その個性が抱える限界であると同時に、可能性でもあります。情の深さや思い入れの強さ、飽くなき願望と執拗《しつよう》なまでの恨み。これらの濃すぎるほどの情念は、そっくりそのままに韓国人の強烈な精神性となって、韓国社会の在《あ》りようを彩《いろど》っています。

ゆりかごの子供から杖《つえ》をつく老人まで。そして普通の若者であり、サラリーマンであり、主婦でもあるはずの平凡な韓国の人々。彼らは、なぜ時として異様なまでの盛り上がりの中で団結し、また分裂するのか。何に笑い、泣き崩れ、それでもまた立ち上がろうとするのか。

日本にとっては気の遠くなるほどに、「近くて遠い国」であり続ける韓国。

その恨の解明を試みた本書を通じて、日本人とはまったく異なる感性と考え方を持つ人々が、これまでもこれからも、同じ顔立ちで身近に存在し続けることを、少しでも体感していただければ幸いです。

二〇一五年三月

金《キム》 慶珠《キヨンジユ》

恨《ハン》の国・韓国――目次

第一章　恨とは何か？

第二章　格差社会の恨

第三章　家族・民族の恨

第四章　帝国への恨

第一章　恨とは何か？

ハンの意味

「恨《ハン》」と書いて、「うらみ」と読む。でも、それはあくまでも日本語での話。

韓国語で〈ハン（한）〉とは、ひとつ（one）を意味します。

「完全なる統合体」。これこそがハンの真髄であり、ひとつであると同時に、すべてを意味する概念です。そして、この完全なるひとつとしてのハンが崩壊するとき、韓国人の心は、その混乱や挫折に対して複合的な思いを、もうひとつのハン（恨）へと転換させていくのです。

ハンというのは、日本の大和言葉のように、朝鮮半島固有の言葉である〈ウリマル〉です。今日の韓国語においても、日常的に多用されています。

たとえば、日本語で何かを数える時は「ひとつ、ふたつ、みっつ……」となりますが、韓国では〈ハナ、ドゥル、セッ……〉と数えます。日本語のひとつに該当する数がハナであり、その語源がハンです。

物であれば一個、人間であれば一人を意味するこの言葉が面白いのは、単なる一つという個数を超えて、時には全体を表わす概念でもある点です。

もちろん、これは日本語の「ひとつ」や英語の「ｏｎｅ」などにも共通するのですが、韓国語のハンという言葉が興味深いのは、こうした意味の広がりを実に多岐にわたって兼ね備えている点です。

たとえば、本来はひとつを意味するハンが名詞の前で「程度」を表わす場合、今度は「最多・最大・最高」という意味に変化します。〈ハン＝サバル（茶碗）〉といえば、一つの茶碗ではなく、茶碗一杯という意味です。〈ハン＝アルム（胸いっぱい）〉や〈ハン＝コッ（思う存分）〉なども同じ用法で、すべては十分に満ち足りた状態を言い表わしています。

また、時間などを表わす場合、今度は「一致・同一」という正確性とともに、「最高潮」の意味も担うことになります。〈ハンシ（同じ時間）〉や〈ハンナル（同じ日）〉は時間的な一致を指すのに対し、〈ハン＝ヨルム〉といえば、これは「夏の真っ盛り」という意味に転じるのです。

さらに、空間を表わす場合は、「真ん中・中心」を表わす概念から、「広大」という空間的な広がりの概念までをカバーします。〈ハン＝ボックパン（ど真ん中）〉や〈ハン＝マダン〈大広場〉〉などは、そのいい例でしょう。

ちなみに、何かを実行するという意味の動詞も〈ハン＝ダ〉です。日本語の「する」に相当する言葉ですが、語源的なつながりは証明できないにしても、何かを成し遂げる・完遂するという意味の述語が音韻論的にはハンと一致しているという事実も、言語学者の私としては大変興味深いところです。

こうしたハンの意味の広がりは実に二〇種類以上にも及び、上記の事例以外にも、一切と全体、始まり、正しさ、極限、永久性、絶対性などを意味することが指摘されています。

このように韓国語のハンとは、多義にわたってすべてを包括する統合的な概念です。ひとつであると同時に、全体であり、最高であり、完成であり、正確な中心でもある。

そして、この独特のハンの概念は、古くから韓国人が自らを称する際のアイデンティティーとしても機能していました。

民族のアイデンティティー

大昔の古代から韓国人は自らを〈ハン＝ギョレ（ハンの民族）〉と称しています。もともとは漢字を持たないハンという音に、「韓」という漢字があてがわれるようになったのは、歴史の記録によれば一世紀頃からです。

中国の歴史書である『後漢書《ごかんじょ》』の「光武帝本紀《こうぶていほんぎ》」には、「東夷に三つの国あり。その名を馬韓《マハン》・辰韓《チンハン》・弁韓《ビョンハン》という」という記述が見られます。当時の韓民族の居住地は、中国大陸の東北部にあたる満州地域からの移動によって、今の北朝鮮の平壌《ピョンヤン》付近にまで及んでいました。そして、その地域に成立した三つの国は「三韓」と称されるようになり、その後の「古代三国」である高句麗《こうくり》・百済《くだら》・新羅《しらぎ》へと変貌を遂げていくのです。

こうした歴史的経緯から、朝鮮半島の人々が自らの先祖をハンに求めるという認識はその後も受け継がれ、今日に至っています。

西暦九一八年に「高麗《こうらい》」を建国した太祖・王建《ワンゴン》は、自らを古代三国の後継者ではなく、その前身ともいえる三韓の統一者であると称し、高麗の建国貢献者たちを「三韓功臣」という名でたたえました。その後、一四世紀末に建国された「朝鮮」の時代に入ると、三韓よりもさらに前に存在したとされる「古朝鮮」の国号をふたたび用いたことから、「韓」という国名を表わす漢字は主に歴史書に登場するのみで、一般に広く用いられることはなかったといいます。

ところが、国際情勢が急変する一九世紀の朝鮮末期には、その混乱期に自らのアイデンティティーを規定する用語として、ふたたびハンが社会の表舞台に登場することになるのです。

日清戦争において清が日本に敗北したことから、それまでの朝鮮と清との事大《じだい》関係を清算し、新たな国の方向を模索する意味で国号が改められたのが一八九七年のこと。その名も「大韓帝国」となり、「ひとつの民族」、「偉大なるひとつの国」というハンの語源的な意味が復活しました。

それ以降、ハンという文字は新聞などの出版物にも広く登場し、社会一般にも用いられるようになります。特に一九一〇年の日韓併合を経て、日本による植民地支配がはじまると、その傾向は高まります。

一五世紀の朝鮮時代に頒布《はんぷ》された文字である「訓民正音」を〈ハングル（ハン民族の文字）〉と名づけたのもこの時代のことです。また、抗日独立運動団体の名称としても「大韓」という表記が多く用いられ、上海《シャンハイ》などの海外を拠点とする臨時政府の名も「大韓民国（デハンミングッ）」の政府であるとされました。

ただ、こうした動きに対して、臨時政府とは路線を異《こと》にする左翼系の独立運動団体では「朝鮮」という言葉を用いて差別化を図っています。このことからもわかるように、二〇世紀はハンの系図の正統性をめぐるイデオロギー的対立が深まっていった時代でもありました。植民地支配が終わりを迎え、新たに分断国家としての国づくりが始まった一九四八年には、南側が「大韓民国」、北側が「朝鮮民主主義人民共和国」という名称で国を発足させたのも、そうしたイデオロギーの対立を象徴しています。

しかしながら、現在の韓国よりもはるかにウリマルに対するこだわりが強いとされる北朝鮮の言葉にも、「韓」という漢字は消えても、〈ハン〉という言葉は健在です。韓国人であれ、北朝鮮の人々であれ、民族の魂、コリアン・ソウルを表わすハンの概念は、そう簡単に消し去ることはできないのです。

和とハンの違い

ひとつにして全体でもあるハンを追い求める民族性は、それゆえにお互いに相容《あいい》れないもの同士が矛盾や葛藤を抱える現実をどのように受け止めるのかという認識論にも投影されます。

広大であること、中心にあることを願い、全体がひとつとなっている完成形を理想とするならば、その理想には達していない、現実の不完全で理不尽な状態に対する嘆《なげ》きや悲しみ、あるいは怨恨を含めたさまざまな感情が、韓民族の現実認識としての恨《ハン》を彩《いろど》っています。その意味でハンとは、ものごとのあるべき姿を追い求めようとする理想への願望であると同時に、そうではない現実と向き合う際の認識や感覚でもあるのです。

ちなみに、ひとつであり、全体でもあるという統合の概念を表わす言葉ということであれば、日本語には「和」という言葉があります。

「和を以《もっ》て貴《とうと》しとなす」という聖徳太子《しょうとくたいし》の十七条憲法の言葉はあまりにも有名ですが、よく「和風」などといわれるように、和は、日本人自らが日本の精神や文化を象徴する概念として受け止められてきました。

では、韓国語のハンと日本語の和にはどのような違いがあるのでしょうか？

結論から申しますと、韓国におけるハンが「理想追求型」の概念であるならば、日本における和というのは、極めて「現実追求型」の概念であるというのが、私の考えです。

日本においては「みんなが和を保ち、ひとつになる」というふうによく言います。しかし、現実世界において和を保つためにはある程度の妥協が必要ですし、時には互いの異なる考えを見て見ぬふりをする必要もあります。あるいは、まったく異質なものは厳しく排除する場合もある。

いずれにせよ、ひとつという全体が破壊されるほどの衝突や争いの危険性がない限り、多少の違いを容認することを通じて、異なるものを異なったまま、ひとつにまとめていく。その現実的な知恵こそが、和でもあると思うのです。

だからといって、ただちに「日本は多様性を受け入れる社会である」という意味ではありません。「ある程度の多様性を容認する社会」ではあるのですが、その容認の程度は、あくまでも集団の和を乱さない範囲であることが絶対条件です。その意味で、日本における和とは、ひとつであり、全体でもあるという「統合状態の体裁」を整えるための現実的手段であり、いわば、戦略的価値でもあると思います。

一方で、韓国におけるハンは、もっと徹底的に理想的な結合状態を追求します。いわば完璧な結合体を追求し続けるがゆえに、現実の世界でそれが達成されないことを問題視し、批判し、嘆き、悲しみながらも、その理想追求の欲求が尽きることはありません。

ハンの価値観において優先されるのは「現実的な調和」ではなく、ひとつという理想の実現に向けた「正しく、最高で、正確な中心」を見出《みいだ》そうとする姿勢です。それが人間関係であれ、組織であれ、社会であれ、理想に到達するためのプロセスであるならば、そのための葛藤や争いも厭《いと》いません。

「和の国・日本」から見れば、ずいぶんと好戦的で議論好きと見られがちな韓国人の姿ですが、「ハンの国・韓国」から見れば、是々非々《ぜぜひひ》を議論せずに全体をまとめ上げようとする日本社会の姿は、まるで壊れた羅針盤に進路を求める船のようにも見えるのです。

ルサンチマンと恨

それでもやはり、「朝鮮半島の人々は、昔から数多くの侵略を受け、儒教社会における身分差別など、苛酷な運命に晒《さら》されてきた。こうした歴史・社会的な背景がハンの情緒、すなわち怨恨としてのハンを抱く民族性の背景でもある」というのが、日本における一般的な理解のように思います。

しかしながら、苛酷な歴史や理想と現実の狭間《はざま》で嘆き苦しむ人間の姿は、なにも朝鮮半島の人々にだけ見出されるものではありません。むしろ、見方によってはどの時代や社会にも存在してきた、人類普遍の性《さが》であり、業《ごう》でもあります。

そうした人類の悩みや苦しみに対する感性が、芸術を生み、思想を生み、社会の変化を生み出す原動力にもなっているのでしょう。

たとえば、ヨーロッパには「ルサンチマン」という考え方があります。

ドイツの哲学者ニーチェによって定義付けられた概念としても有名ですが、一言で言えば、支配に対する憤慨《ふんがい》を意味します。支配する者とされる者の関係を善悪の関係に置き換えた「支配者（悪）に対する憤慨または怨恨」がルサンチマンです。

ところが、ニーチェがこの概念を規定する上で問題としたのは、悪としての支配者ではなく、むしろ「善としての被支配者」の姿勢でした。

強い者や優《すぐ》れた者に対するルサンチマンを抱きながらも、その思いを晴らすことができないがゆえに、「彼らは悪であり、自らは善である」と合理化することで自己満足を図る姿勢は、それこそ想像上の復讐にすぎない「奴隷革命」のようなものである、というわけです。

そして、こうした欺瞞《ぎまん》の理屈を作り上げたのがキリスト教の道徳であり、その「善者による許しと愛」を説いた奴隷的道徳論こそが、ヨーロッパにおける二千年の歴史を支配してきたのだと指摘していることは、あまりにも有名です。

「ルサンチマンの奴隷根性」といえばなんだか大げさに聞こえてしまうので、イソップ寓話《ぐうわ》の「キツネとブドウ（すっぱいブドウ）」に見る自己合理化を思い浮かべてもよいかもしれません。もっと乱暴な言い方をすれば「負け惜しみ」という日本語を連想して理解しても、その意味にはある程度重なる部分があります。

韓国における恨《ハン》というのも、まさにそのようなルサンチマンであり、自己合理化であり、負け惜しみに過ぎないのだという指摘も、ずいぶんとあり続けてきました。

日本の歴史学者である古田博司《ふるたひろし》氏は、朝鮮文化におけるハンを「伝統規範からみて責任を他者に押し付けられない状況のもとで、階層型秩序で下位に置かれた不満の累積とその解消願望（『朝鮮民族を読み解く』）」であると解説しています。

また、韓国哲学を専門とする小倉紀蔵《おぐらきぞう》氏は、「ハンは上昇へのあこがれであると同時に、そのあこがれが何らかの障害によって挫折させられたという悲しみ・無念・痛み・わだかまり・つらみの思いでもある。（『韓国は一個の哲学である』）」と述べています。

これらの指摘に共通しているのは、強者と弱者という縦軸の関係設定であり、いわば勝ち組と負け組の上下関係における「負け組の痛恨の思い」がハンの正体であると説明している点です。

これらの解釈にルサンチマンとの違いがあるとすれば、その背景をキリスト教的道徳論から論じるのではなく、朝鮮社会の階層論や儒教的道徳論に基づいてハンを読み解こうとしている点です。

しかし、朝鮮時代を支配した儒教的道徳論に「不当な支配者に対する憤慨の正当化」のような論理は見当たりません。むしろ「支配権力の正当化」のために用いられたのが儒教ですから、そこからハンの仕組みを読み解こうとする試みは、まるで儒教という数式からはみ出た端数《はすう》を、無理矢理に儒教の論理で切り上げようとする強引な算法のようにも思えます。

たしかに、韓国社会や韓国人のハンに、憤慨や怨恨の念が含まれていることは明らかです。しかし、それは必ずしも儒教的身分社会や、それに伴う支配と被支配の二項対立の構図の中で成立する「強者に対する弱者の恨み」だけでは説明できない広がりを持っています。

すでに検証したハンの語源的意味の広がりのように、ハンの対象もまた、時に支配者であり、時に愛する人であり、また時には自分自身であったりする。その対象の広がりに連動するように見出されるハンのさまざまな姿こそが韓国社会におけるハンの最大の特徴であり、個性でもあります。そして、その際限なき変貌の根底には、依然として「完全なるひとつ（ハン）」に到達しようとするコリアン・ソウルが鎮座しているのです。

恨の類型

それでは、当の韓国では、ハンはどのように理解されているのでしょうか？

韓国の哲学者である金眞《キムジン》は、「恨は韓国人にとって最も基礎的かつ根本的な情緒である。しかし、それは相対的で複合的な文化現象の産物であるがゆえに、定義が容易ではない」としながらも、

「恨は『怨（攻撃性）、嘆（退嬰性）、情（友好性）、願（進取性）』という四つの意味類型を有している。（『恨の解釈学的意味構造』）」と述べています。

こうしたキムの指摘の通り、韓国におけるハンの研究は、一九四〇年代の文学界に登場した「情恨論（高銀《コウン》）」の議論に始まり、社会的イデオロギーへと変貌を遂げた「怨恨論（金烈圭《キムヨルギュ》）」、さらには大衆文化論としての「願恨論（李御寧《イオリヨン》）」などにすそ野

を広げてきた経緯があります。

研究初期の「情恨論」における恨の議論が、どちらかといえば「女性的・内向的・受動的」な感性によって語られてきたのに対し、「怨恨論」としての恨は、後に具体的な行動を通じてそれを克服・解消しようとするイデオロギーへと進展して行った点において、むしろ「男性的・外向的・能動的」であるといえるかもしれません。

今日では、そもそも恨という概念自体が人為的な自己規定に過ぎないと指摘する研究も多くみられますが、文化とは、自然現象を指すのではなく、その現象を捉《とら》える「解釈のあり方」だとするならば、依然として恨は、韓国人が自らを語る上で強く意識され続けている概念であることは確かです。

そして、これらの韓国人による多様な恨の解釈を韓国社会のエネルギーという側面から整理すると、大きくは「集結力の恨」と「分散力の恨」に区別することができます。

「集結力の恨」とは、読んで字のごとく、ひとつにまとまろうとするエネルギーに基づく恨です。「情恨論」や「願恨論」などに見られるこの種の恨は、人への愛情や夢への願望から生まれるエネルギーであると同時に、たとえ関係が破たんし、夢が破れようとも、その方向性を見失うことはありません。現実の挫折を目の当たりにしながらも完全な統合体としてのハンを追求し続けるプラスのエネルギーが作用するのです。

他方の「分散力の恨」とは、そうした希望や願いが理不尽で不当な現実によって完全に絶たれる時に生まれるマイナスの感情です。他者への攻撃性を伴う怨恨や、現実放棄の嘆きに支配される恨は、理想の成就ではなく、現実の否定や破壊へとそのエネルギーの方向性を転換させていきます。

もちろんこうした集結と分散の恨は、杓子定規《しやくしじようぎ》で測って真っ二つに分かれるという類《たぐい》のものではありませんし、韓国人や韓国社会の離合集散の原動力として一体化している複合的な情念であることにも変わりはありません。しかし、そのどちらにも共通しているのは、やはり「ひとつであり、中心であり、正しさでもあるハン」という理想を追い求めつつも、それが崩壊するか、破壊されるなどの、「不完全で理不尽な状態」を強《し》いられる時に生まれる感性や理屈であることを、確認しておきたいと思います。

情恨の悲哀

愛する人との別れや故郷を遠く離れるなど、かけがえのない大切な存在と自分とのつながりが絶たれる時に抱く辛《つら》さや悲しみとしての恨は、まるでコインの両面のように、そうしたつながりを維持したい、けっして終わらせたくはないという強烈な願いから生まれる感性です。そしてその特徴は、「別離の苦しみ」を基本的モチーフとしながらも、なおひとつであり続けたいと切に願う「悲願」の感情が入り混じっている点です。

日本の民芸運動家である柳宗悦《やなぎむねよし》が「朝鮮のすべての美は、悲哀の美である」と指摘したことは有名ですが、ちょうどそのころから韓国の文学界においても「情恨論」なるものが盛んに論じられるようになったといいます。

そして、一九四〇年代から本格化していった数多くの恨の議論の中でも、韓国人の恨の情緒を最も見事に謳《うた》いあげていると評されるのが、三二歳で自ら命を絶った天才詩人・金素月《キムソウオル》（一九〇二〜一九三四）です。
韓国の文学界における「情恨論」が展開されたのも主に彼の作品評論を通じてであり、彼の代表作である『つつじの花』は、恨の情緒を芸術に昇華させた作品として、韓国人に最も愛されている詩でもあります。一九二五年に発表された『つつじの花』には、人を愛することの切なさが儚《はかな》いまでの美しい旋律で謳われていて、むしろその心の奥底に潜《ひそ》んでいるであろう悲壮なまでの愛の強さを想像させます。無理を承知で、ちょっと意訳してご紹介しましょう。

私が嫌で去るのなら
黙って見送って上げましょう
寧邊の薬山　つつじの花
去りゆく道一杯にちりばめましょう

足元におかれたその花々を
軽やかに踏みにじって歩かれませ

私が嫌で去るのなら
死んでも涙は流しませぬ

どうでしょうか？　原語の感動をお伝えできない自分の翻訳力が（そのまま）それこそ「恨めしい」限りですが、小学生のころから慣れ親しんでいるこの詩を思い出すたびに、私は今でも人知れず、かすかに涙が滲《にじ》み出るほどの切なさを感じます。

愛する人がいつか去っていくとしたら、私は黙って見送ろう。その去り行く道に華《はな》やかなつつじの花をちりばめて、何も言わずに送ってあげよう。私が撒《ま》いたその送り花を、いっそのこと一歩一歩踏みにじりながら去って行ってほしい。それでも私はけっして泣かない。死んでも涙は流さない。

この詩には、切実な愛の対象との離別を受け入れ、耐え忍ぼうとしながらも、それでもその別離を強く拒み続ける思慕の情念が、鮮烈に謳われています。

変わらぬ愛を願い、添い遂げようとするも、いつかは訪れるかもしれない別離の現実。その愛の喜びと苦しみの狭間で引き裂かれる情念の激しさこそが、情恨論としてのハンを生み出す土壌となっているのです。

それにしても何かを切に願う心とは、なぜ時に悲しくも感じられるのでしょうか。

「悲願」という言葉を辞書で引くと、「どうしても果たしたいと願うこと」とあります。日本語においても、切実さとは、悲しさとも相通じる概念ですが、実はこの悲願という言葉は、仏教用語です。

仏や菩薩《ぼさつ》が衆生《しゅじょう》を救済するために慈悲心から立てる願いが「悲願」であり、薬師《やくし》如来《にょらい》の十二大願などがこれに当たるといいます。ちなみに、仏の心である「慈悲」という言葉に「悲」という漢字が見られるのも、衆生の苦しみに対する「あわれみ」を意味する漢字が「悲」だからです。

ご存じのように、仏教における衆生の人生とは「生・老・病・死」という四つの苦しみから成り立っています。生きること、死ぬことそのものが苦しみである、と。その苦しみを生きる衆生を眺める仏の心が、「悲」という言葉で表現されているのでしょう。

仏教に興味はあるものの、その敷居の高さから宗教学的にはまったく無学の私がこれ以上語るのは大変憚《はばか》られるのですが、少なくとも、衆生を苦しみから救おうとする仏の心が悲願だとすれば、その苦しみからの救済を願う衆生の心もまた、それぞれの苦しみに比例して切実であろうことは容易に想像できます。

苦しいから切実なのであり、切実だから悲しくもある。そういうことなのだと思います。

「もののあはれ」と恨

そんな仏教的な「悲」の感性は、日本と韓国に共通する数少ない感性の一つです。

そして、そんな日韓共通の情緒のなかでも、私が恨との関連で注目する日本人の感性が「もののあはれ」です。一見すると、ハンとよく似ていますが、実は似て非なるものでもあります。

紫式部《むらさきしきぶ》の『源氏物語』について、江戸時代の国学者である本居宣長《もとおりのりなが》は「源氏物語の本質はもののあはれである」と読み解きました。たとえば、源氏物語の主人公である光源氏がもっとも愛した紫の上の物語に、次のような件《くだり》があります。

「いとおどろおどろしうはあらねど、年月重なれば頼もしげなく、いとどあえかになりまさりたまへるを、院の思ほし嘆くこと、限りなし。しばしにても後れきこえたまはむことをば、いみじかるべく思し、みづからの御心地には、この世に飽かぬことなく、うしろめたきほだしだにまじらぬ御身なれば、あながちにかけとどめまほしき御命とも思されぬを、年ごろの御契りかけ離れ、思ひ嘆かせたてまつらむことのみぞ、人知れぬ御心のうちにも、もののあはれに思されける。（『源氏物語』第四十帖「御法」第一章「紫の上の物語」より）」

（口語訳・・・紫の上はそれほど容体が悪くはなかったが、長く病んでいるので、頼りなく、より衰弱なさったのを、院（光源氏）が嘆き悲しむこと、この上ない。少しの間でも先立たれることは堪えがたく思われ、自らの気持ちとしてはこの世に不満はなく、気がかりな子どももない身なので、どうしても生きながらえたい命とも思われないけれど、長年の夫婦の契りから離れて、嘆かせ申し上げることだけが、人知れぬ心のうちにも、もののあはれに思われるのだ）

紫の上は光源氏に愛され、妻となりながらも子どもができないことで苦しみました。また、長く病《やまい》を患《わずら》って一時は出家を希望しますが、許されずに亡くなります。この一節は死を間近にした紫の上の複雑な思いについて述べた件で、「もののあはれ」という言葉が出て来ています。

もののあはれは「しみじみとした情趣」などと解釈されますが、その実態は情恨と同じように、基本的には愛情の対象に対して抱く情緒です。

紫式部が記した平安時代の女性たちのしみじみと移ろいゆく人の心の儚さや切なさ、悲しみ、あきらめ、権力の栄枯盛衰《えいこせいすい》から生じる無常感など。常ならざる世の中を見据えながら、日本の女性たちが抱いたであろう、しめやかな母性愛とでも呼ぶべき感性は、それこそ「慈しみの情緒」であり、「悲」の感性に彩られています。

しかし、こうしたもののあはれと恨の決定的な違いは、恨の仕組みは、あくまでも「完全なるひとつ」という理想に向けた切実な願望から生まれるものだという点です。

切実な愛の対象と別れるとき、「もののあはれ」を感じながらも、それでもなお離れたくはない、つながっていたいと嘆き悲しむ心こそが、忘れてはならないハンの出発点です。

これを執着と見るか、未練と見るかの解釈や議論もありますが、少なくともそこには、愛する対象との一体化を悲願する「集結のエネルギー」がけっして絶えることのない生命力となって息づいていることを見逃してはなりません。先ほどご紹介した「つつじの花」で謳われている悲哀としての恨の情緒も、まさにそうした悲しくも力強いプラスのエネルギーでもあるのです。

怨恨の抵抗力

「怨恨論」としての恨は、それまで主に文学の世界で情緒的に語られていた恨の言説に社会学や政治学、民族誌学などの観点が新たに加わりながら誕生しました。

特に一九七〇〜八〇年代にかけて、当時の軍部独裁という政治状況の中で誕生した韓国独特の民主化イデオロギーでは、圧制者としての軍事独裁政権と虐《しいた》げられる民衆という対立構図が定型化されていきます。その中で、あるべき姿としての社会正義を実現するための論理が体系化され、不当な政治権力を打破するための「抵抗精神」としての恨が強調されるようになったのです。

このような背景から、これを「民衆的恨論」であると定義した韓国の文学評論家・千《チヨン》二《イ》斗《ドウ》は、次のように述べています。


「(民衆的恨論における)恨は要するに抑圧され、収奪を受けてきた民衆の内面に積もりに積もった欲求不満のしこりであるが、この恨が積もるときその内部に強力なエネルギーが生じる、恨の内部から押し出すこのエネルギーが噴出するとき社会改革の推進力が生じ、民衆に及ぼした恨の誘因が消滅して恨が消滅する、というのがこの議論の要点である。」

こうした「民衆的恨論」に対する分析は、不当な権力に対する弱者の欲求不満という意味で、ヨーロッパにおけるルサンチマンと非常によく似ているようにも見えます。しかし、その虐げられる民衆の憤慨やしこりはキリスト教的な「内面的信仰」を通じて解消されるのではなく、社会改革を通じた「現実的変化」によって解消されることが説かれている点では、むしろドイツ哲学におけるヘーゲルの弁証法やマルクス主義的階級闘争論の影響を強く受けているといえるでしょう。

また、一部にはこうした恨の論理を朝鮮時代からの儒教的伝統から読み解こうとする試みもありますが、それは必ずしも正確な見方ではありません。「民衆恨論」の先鋒に立った詩人・金芝河《キムジハ》（一九四一～）が繰り返し主張しているように、より直接的には一九世紀末に朝鮮半島に吹き荒れた「東学思想」にその発祥を求めるイデオロギーです。

東学とは、朝鮮時代の後期に民衆の間に急速に広がった一種の新興宗教で、一八六〇年に崔済愚《チェジェウ》という人物によって創始されました。当時、朝鮮王朝の弾圧を受けていたキリスト教を意味する「西学」との差別化を図る必要があったことから、自らを「東学」と称したことが、その名前の由来とされています。

朝鮮時代の後期、支配階級であった両班《ヤンバン》の搾取《さくしゅ》によって農村の経済は疲弊《ひへい》し、至る所で破綻《はたん》を迎える状況に陥《おちい》ります。また、帝国主義の拡大による列強国の圧力も高まる中、当時の朝鮮社会はあらゆる面での機能不全に陥っていました。

そんな終末論的な危機感が横行する混乱期において誕生した東学は、虐げられる民衆を苦難から救うことを目指し、従来の社会秩序を否定しながら、身分制度の撤廃や万人の平等を訴える社会論理へと、つながっていったのです。

こうした東学の考えには、当時の支配思想であった儒教の論理だけでなく、むしろシャーマニズムとしての巫俗《ふぞく》信仰や道教などの影響が色濃く反映されていました。そうした馴染《なじ》み深さが、農民をはじめとする一般民衆の熱烈な支持を得て急速に拡大していった背景でもあります。やがて朝鮮王朝を脅かす存在にまで成長した東学は、次第に邪悪な宗教として弾圧を受けるようになり、ついには、崔済愚をはじめとするその信奉者らの多くが「世を惑わす輩《ともがら》（惑世誣民）」として逮捕、処刑されました。

しかし、その後も東学の勢いは衰えず、一八九四年には全琫準《チョンボンジュン》が率いる大規模な民衆一揆ともいえる「東学農民運動（東学党の乱）」が勃発します。

結局は失敗に終わったものの、一時期は一〇万人を超える規模にまで膨《ふく》れ上がったとされる東学運動のうねりは、地域的な民乱から支配階級に対する反封建の抵抗運動へと変貌し、さらには当時の清《しん》および日本に対する反侵略運動へと発展していったと評されています。

反面、こうした東学の反権力的な行動は、その歴史的評価を難しいものにさせてきたのも事実です。東学をどう見るのかの評価は分かれ、日本と韓国の歴史家の間ではもちろんのこと、韓国の中でもその社会的・歴史的意義についての議論は、必ずしも合意には至っていません。

しかし、その東学誕生から約一〇〇年後。韓国社会においてふたたび当時の「民衆の恨」が注目され、再評価された背景には、東学の思想的側面よりも、むしろその宗教的側面が大きく影響したのではないかと思われます。

時代は変われども、恨を貫き、それを解消しようとする姿勢の背景には、ハンに対する宗教にも似た深い信心があることを押さえておく必要があるのです。

ハンの信仰

「人乃天（人はすなわち天である）」

この考え方に代表される東学思想は、朝鮮半島伝来の民族宗教と仏教や儒教を巧《たく》みに融合させた教理です。もともとは「侍天主思想」から出発したともいわれるこの考え方は、「人がその体に天主を迎え入れることで君子となり、国を正して民衆の安寧《あんねい》を実現する主体となる」と説いています。

つまり、朝鮮半島伝来の「敬天思想」と、天主を体に迎え入れるという「巫俗信仰」、さらにはそうした一体化を通じて国を正す君子になるという「儒教」の考えを取り入れることで、それこそ「シャーマニズム」を「ヒューマニズム」へと転換させた点が東学の革新性でもあります。

ちなみに、「天（神）」を表わす韓国の固有語も〈ハン＝ウル〉で、ハンとの語源的つながりが指摘されています。ここでいう〈ウル〉は霊や魂を意味する「オル」の変形だと推察されていることから、韓国語における天神とは、読んで字のごとく「完全なるひとつの魂」を意味します。そして、この絶対的で統合的なハンの魂を敬う宗教観こそが「敬天思想」に他ならないのです。

朝鮮半島における「敬天思想」の伝統は、東学のみならず、時代とともにその姿かたちを変えながらも、古代から現代に至る民族宗教の基本形を成してきました。後に流入した道教や仏教や儒教、キリスト教なども、こうした民族宗教と融合されながら、朝鮮半島独特の宗教色が加えられ、発展してきたといえます。

そんな敬天思想の起源は、今からはるか四三〇〇年以上も前に存在したとされる「古朝鮮」の建国神話である「檀君《だんくん》神話」にも見出すことができます。

そもそも古朝鮮とは、朝鮮半島に初めて登場する国の名称ですが、その建国神話である檀君神話は、多くの古代史関連資料に散見されるものです。中でも有名なのが一三世紀に記された『三国遺事』に登場する檀君神話です。

朝鮮半島の古代史に関する代表的な歴史書としては、一二世紀に編纂された『三国史記』が挙げられます。この史記が史官たちの手による正史であるとするならば、『三国遺事』は一然《いちねん》（一二〇六～八九）という一人の人物によって著された野史《やし》であり、むしろ文学書の性格が色濃いものです。しかしながら、そこに収録されている数多くの神話や説話は、まるで古代ギリシャ神話のように、朝鮮半島の民族誌学の観点からは極めて貴重な資料でもあるのです。

特定社会に受け継がれてきた神話や説話の意味について、スイスの心理学者であるユング（Carl Gustav Jung 一八七五～一九六一）は、「集団無意識」という概念から分析を行なっています。

ユングによれば、特定集団における先人たちの経験や記憶は、象徴を通じて受け継がれ、集団構成員の間に無意識レベルで共有されるのだといいます。そして、そんな集団無意識の象徴となるのが、その集団において受け継がれ、語り継がれてきた神話であり、説話であると指摘しているのです。

檀君神話の集団無意識

「天の神様である桓因《ファンイン》は、『弘益人間』の実現、すなわち広く人間を利することを目的に、その息子である桓雄《ファンウン》を地上に遣《つか》わした。三千人の従僕とともに地上に降り立った桓雄が政《まつりごと》を行なっていたところ、ある日、彼の下に虎と熊が訪ねてくる。彼らの願いは人間になること。これを聞いた桓雄は、暗闇の中でヨモギとニンニクだけを食べながら一〇〇日を耐え続けることができれば人間になれることを告げる。これを聞いた虎と熊が洞窟の中で生活を始めたのだが、その辛さに耐えきれなかった虎は早々にネを上げて逃げ出した反面、我慢強い熊は最後までこのお告げを守り、とうとう女性に生まれ変わることができた。その後、この女性に生まれ変わった熊である『熊女』と桓雄は夫婦の契りをかわし、その間に息子の檀君《ダングン》を授かることになる。檀君は都を太白山（今の平壌付近）に移し、そこで新たに開いた国の名を『朝鮮』とした。」

以上が『三国遺事』に登場する檀君神話のあらましです。

ユングの観点に基づいて、檀君神話に見出される集団無意識の象徴を読み解くならば、何よりも「天から降り立った神の息子とその子孫」という、いわゆる「天孫神話」の見立てが注目されます。

神の息子が地上の熊女と結婚して人間を産むのですから、『聖書』の天地創造とは違って天と地は二分化された世界ではなく、ひとつの世界としてつながっています。また、エデンの園を追われたアダムとイブの子孫として、生まれながらに原罪を背負っているというキリスト教的な人間像とは異なり、天神の意志を実現する担い手としてこの世に遣わされたのが私たち人間であるという設定も特徴的です。

これは、いわば「天使の子孫」としての人間像であり、神と人間の血縁関係を大前提とする天孫神話の集団無意識には「天と地」をひとつの連続体・統合体と見なすハンの概念が色濃く投影されていると読み解くこともできます。

韓国語で「人が死ぬ」ことを〈トラガダ〉といいます。「亡くなる」ではなく、「帰る」という意味です。天と地がひとつであり、天神と人間がひとつである。この三極不可分の世界観に基づいて、この世における理想の実現は、天の子孫である天民の使命として正当化されていくのです。

こうした檀君神話の敬天思想について、宗教学者の李光濬《イクアンジュン》は次のように述べています。

「檀君を始発点にして古代朝鮮における思想は蘇塗教から認めることができる。この蘇塗教は後代の扶余では代天教、三韓時代では天神教、新羅時代では崇天教、高句麗では敬天教、高麗時代では王倹教（檀君教）、満州では主神教、李朝時代以降では檀君教、或は大倧教がその代を引き継いで行く。このように悠久の歴史を経て伝わってきた檀君思想は、韓国において、一つの宗教として、十月三日を開天節であると定め、檀君の開国を国家的に崇拝していることがわかる」

（『カウンセリングにおける禅心理学的研究』）

もちろん、こうした民族宗教のあり方だけで、民衆の恨を語ることはできません。

東学という宗教が思想にまで発展していった背景にも、当時の朝鮮社会を支配していた儒教の現実主義的な教理も大きく影響していることも、忘れてはならないでしょう。いわゆる「西学」のキリスト教が死後の救済という未来時制に基づく教理であるならば、儒教における理想社会は「あの世」においてではなく、君子の徳をもって「この世」において実現されるべき価値であることを説いています。

特に、朝鮮時代に積極的に導入された朱子学《しゅし》（性理学）の理論は、理気説に基づく宇宙観を人間の心性に適用するための科学的考察を可能にし、いわばハンの近代化を大きく促《うなが》したことは明らかです。

しかしながら、これも見方を変えれば、儒教の考え方が朝鮮半島の敬天思想に影響を与えたというよりは、むしろ敬天思想というハンの土壌があったからこそ、その構図を科学的に読み解こうとした性理学が近代の朝鮮社会において熱狂的に迎え入れられたと見るほうが妥当かもしれません。

そのような観点に立てば、ハンに見られる現実的な不義に対する憤慨や怨恨もまた、儒教的な論理からではなく、天と地を「ひとつの統合体」として捉え続けてきた民族的集団無意識の問題提起であると見るほうが妥当だと思われるのです。

女の恨と四谷怪談

「女の恨は、五・六月にも霜を降らせる」

東洋の旧暦で五、六月といえば夏の真っ盛り。韓国で、恨を語る上でもっとも有名なこのことわざは、その暗さや陰険さ、恐ろしさなどの負の情緒を端的に言い表わしています。それこそ憎しみであり、怨恨であり、呪いでもあるのです。

こうした恨の否定的側面は、詰まるところ、不当な仕打ちや濡れ衣《ぎぬ》など、いわれなき現実に対する反発の念であるといえます。たとえ愛する人との別れであっても、それが相手の裏切りや欺瞞《ぎまん》など、自分の愛情に対する不当な扱いによってもたらされたものである場合、恨は突如、相手に対する攻撃性へと豹変《ひょうへん》していくのです。

その意味で、怨恨とは、現実的理不尽さの犠牲者になりやすい社会的弱者、特に伝統社会における女性に生じやすいものであると理解されてきました。

しかし、韓国人である私がこの種の「女の恨」の話を聞くたびに、真っ先に思い浮かべるのは、実は小学生の頃に日本で読んだ「四谷怪談」に出てくるお岩《いわ》さんの話です。

子供心によっぽど怖かったのでしょう。顔半分が潰《つぶ》れ、醜《みにく》く膨れ上がったそら恐ろしい姿で、濡れた髪を振り乱しながら出てくるお岩さんの姿は、今でも想像するだけで鬼気迫るものがあります。

改めてその詳細を調べてみると、「四谷怪談」の成り立ちはけっこう複雑です。もともとは一八世紀の元禄時代に起きた事件を記した『四谷雑談集』を、約一〇〇年後に鶴屋南北《つるやなんぼく》という人物が歌舞伎の狂言として書き改めたのが『東海道四谷怪談』です。元々は仲睦まじき田宮《たみや》家の夫婦の妻の失踪事件だったものが、後に不倫や毒殺などのエピソードが加わり、執念や怨霊の話として脚色され、それが一般大衆にも広く知れ渡り、語り継がれてきたのです。

ちなみに、小学生のころに私が読んだバージョンでは、お岩さんが毎晩井戸から出てきて、お皿の枚数を数え、最後には必ず一枚が足りないとして、周りの人間を呪い殺すというものです。この他にもいろんな脚色の可能性がありますので、ここで『東海道四谷怪談』のあらすじをおさらいしておきましょう。

「田宮家に嫁いだ岩は、その夫である伊右衛門《いえもん》の悪事を理由に実家に連れ戻される。伊右衛門は岩との復縁を望んだが、岩の父親である左門《さもん》に拒まれ続けていた。これを根に持った伊右衛門は、他人の仕業に見せかけて左門を殺害する。そうとは知らずに、父の死骸を見つけて嘆き悲しむ岩に、伊右衛門は仇《あだ》を討ってやると言いくるめ、岩との復縁を果たす。

しかし、その後産後の煩《わずら》いから病気がちになった岩を、伊右衛門は疎《うと》ましく思うようになった。ちょうどその頃、家臣の喜兵衛《きへえ》から、その孫である梅《うめ》との婚姻話を持ち掛けられた伊右衛門は、今度は宅悦《たくえつ》という人物を脅して岩と密通させ、それを口実に離縁しようとたくらんだ。

しかし喜兵衛から贈られた薬のせいで、醜い容貌に変わり果てた岩の姿を見て恐ろしくなった宅悦は、伊右衛門のたくらみを暴露する。その話を聞いた岩は悶《もだ》え苦しみ、そのはずみで置いてあった刀が首に刺さって死ぬ。自分の悪事が暴露されることを恐れた伊右衛門は、その事実を隠すために薬を盗んだとして捕らえていた小平《こへい》を殺害。その死体を岩の死体と一緒に戸板にくくりつけて川に流し、二人が不浄を働いた上で心中したように見せかけた。

やがて梅との婚礼を迎えた伊右衛門だが、その夜に現われた岩の幽霊を見て錯乱し、梅と喜兵衛を殺害、狂乱状態で逃亡する。他方で、岩の妹で未亡人であった袖《そで》は、姉の死を知らされ、仇討ちを条件に、その事実を伝えた直助《なおすけ》に身を許すが、そこへ死んだはずの夫である与茂七《よもしち》が帰ってくる。袖が夫の嘘の死を知らされたのも伊右衛門と直助の仕業であったことが明らかになるが、結果として不貞を働いたことになった袖は、あえて与茂七の手にかかり死ぬことを選ぶ。

蛇山の庵室に逃げ込んだ伊右衛門だが、岩と鼠《ねずみ》の幽霊に苦しめられ、さらに追い詰められる。そこへすべてを知った与茂七が来て、舅《しゅうと》と義姉の敵である伊右衛門を討ち取る。」


ちょっと長くなりましたが、原作はもう少し複雑に入り組んだストーリー展開となっています。しかし、何といっても注目すべき登場人物は伊右衛門と岩であり、究極の悪人である伊右衛門と、何の罪もないにもかかわらず不当な運命を強《し》いられる岩の、これでもかと言わんばかりの強烈な善悪の二項対立があらすじの要《かなめ》となっています。

その意味で、この物語に描かれている岩の恨みは、まさに怨恨としてのハンに他ならず、その恨みは「真夏に霜を降らせる」どころか、怨霊となって、相手を呪い殺すほどの凄《すさ》まじい執念で復讐を遂げるのです。女による現実的な復讐の手立てが極めて限定的であった時代。今改めてお岩さんの姿を想像してみると、その醜く潰れた目から激しく流れ出ていたであろう大粒の涙が見えてきます。「弱きもの、汝の名は女なり」とつぶやいた若きハムレットにはけっしてわからなかった、それこそ「化けて出る」ほどの女の執念こそが、弱き者にのみ備わるエネルギーの源でもあると思うのです。

男の恨と忠臣蔵

他方で男たちの恨の物語には、「臥薪嘗胆《がしんしょうたん》」という中国の古いことばにも見られるような、より現実的な解決法を模索するという特徴が見られるといいます。その観点から、日韓の恨を比較する際によく取り上げられるのが『仮名手本忠臣蔵』です。

先ほどご紹介した鶴屋南北による『東海道四谷怪談』が一八二五年に江戸の中村座で初演された際に、いわば二本立てのプログラムとして同時上演されたのが『仮名手本忠臣蔵』でした。忠臣蔵にまつわる数多くの古典の中でも、今日に至るまで最も親しまれているこの作品は、二世武田出雲《たけだいずも》、三好松洛《みよししょうらく》、並木宗輔《なみきしょうすけ》の三人による合作浄《じょう》瑠璃《るり》です。

一七〇二年(元禄一五年)に実際に起きた仇討ち事件を脚色したもので、その初演は一七四八年だといいますから、「四谷怪談」と一緒に上演された時点で、すでに七七年ほどの歴史を誇る古典であったといえるでしょう。もちろん今でも、お正月の時代劇スペシャルなどでテレビドラマ化されていますから、忠臣蔵という物語の寿命は、史実から数えて、実に三〇〇年以上も続いていることになります。

いったい何が、これほど長きにわたってこの物語の寿命を永らえさせているのでしょうか。

ご存じの通り、忠臣蔵は赤穂《あこう》浪士四十七名が吉良《きら》邸に討ち入り、主君の仇を討っために吉良上野介《きらこうずけのすけ》を討ち取る物語です。

浅野内匠頭《あさのたくみのかみ》は、殿中松之廊下で吉良に切り付けたという刃傷沙汰の責任を問われ切腹させられます。浅野家はお家断絶、赤穂城も没収され、家臣たちも皆浪人となりました。浅野家の家老であった大石内蔵助《おおいしくらのすけ》は浅野家再興のために四方八方に手を尽くすも、その努力は結局報われず、すべてが無為に終わったことを悟った大石は、同志らとともに吉良家への襲撃を決意。ついに討ち入りを果たし、吉良の首を打ち取った赤穂浪士らは亡き主君の復讐を遂げますが、その後彼らは幕府に自首し、全員に切腹が言い渡され自決する、というのが物語の概要です。

このように、日本における恨の物語の多くは、いわば「敵討ち」という日本独特の武家社会の風習と相まって、必ずやその「恨みを晴らす」ための復讐へと流れていくのが特徴です。西洋のキリスト教的倫理が、現実社会では晴らせぬルサンチマンを「悪への許し」や「神の裁き」を通じて解消することを説いているのに対し、日本社会における怨恨は「懲罰的復讐」という現実的な手段を通じて解消される傾向が強いといえるでしょう。

もちろん古今東西を問わず、復讐というテーマはあらゆるドラマの基本的題材でもありますが、その復讐が正当化されるための社会的な基準や許容範囲には文化や宗教圏によって差があるのも事実です。

その意味で、忠臣蔵の面白さは、討ち入りや仇討ちといった武士の復讐劇を題材としながらも、単なる「恨みの鬱憤《うつぷん》晴らし」では説明できない、「忠義と報恩」の義理人情が絡《から》められているところにあります。

忠臣蔵の名場面の一つである浅野内匠頭の切腹シーンで、浅野は大石に自分の血に染まった刀を手に、「この九寸五分は汝の形見。我鬱憤を晴らせよ」と言い残して息絶えます。この場面での「我鬱憤」とは、まさに浅野の身に降りかかった不当な仕打ちへの恨みであり、吉良に対する怨恨です。

しかしその恨みを晴らすことを託された大石内蔵助ら四十七士たちが果たした討ち入りの大義は、自らの恨みを晴らすことではなく、あくまでも浅野の「怨恨を引き継ぐ」というものであり、「主君の無念を晴らす」ことでした。そして、この赤穂浪士たちの大義名分こそが、彼らを義士であり、忠臣であると評する「忠臣蔵」という物語の核心的な価値を形成しているのです。

しかし、問題は、その結末です。

大石をはじめとする赤穂浪士らの切腹自決は確かに悲劇ですが、この物語が三〇〇年以上にもわたって日本人に愛され、親しまれてきた背景には、現実的な状況の改善よりも「忠義を果たす」ことによる集団的義理人情の実現をより高く評価する価値観があるように思います。仇討ちや敵討ちといった「懲罰的な怨恨の解消」が現実的な身の破滅を伴うものであろうとも、その行ないは尊いものであるという考えです。

そもそも日本における怨恨とは、徹底的に善悪や正義と不義などの二項対立の設定の中で機能する仕組みであることから、四谷怪談や忠臣蔵の物語が、ほぼすべての登場人物の死によって幕を閉じるとしても、それはそれでやむなき現実の「正当な物語」として納得されるのです。

このような怨恨の勧善懲悪的な解消法は、今でも多くの仁侠映画や時代劇の原型となっているところですが、韓国におけるハンの解消法は、日本のそれとはまったく異なる志向性を持っています。

そもそも、怨恨としてのハンを抱く仕組み自体が、日本と韓国の間では差があるのです。

恨の楽天性

韓国におけるハンは、その出発点を「完全なひとつの統合状態」に求めていることについては、すでに述べた通りです。したがって、この理想としてのハン（ひとつ）が崩壊するときに現実のハン（恨）が生じるという仕組みは、その解消法においても、本来目指していたはずの理想に向けた前進が求められることになります。

日本語では「恨みを晴らす」といいますが、韓国語では「恨を解く」といいます。解くとは、「ひも解く」などの動詞に見られるように、糸などが絡まった状態を「ほどく」ことを基本的な意味とします。しかし、韓国語では「体がほどける（元気になる）」や「景気がほどける（よくなる）」などのように、何かが「改善」されるという意味を内包する言葉でもあるのです。

つまり、恨を解くとは、自らの破滅も厭《いと》わない復讐心とはちがって、理想に向けた何らかの前進を見出した時に、現実の恨も克服・解消することができる仕組みとなっています。韓国語で恨を解くことを〈ハンプリ〉といいますが、「解いて消す」のではなく、「解いて善くする」。これがハンプリの目指す方向性なのです。

こうしたハンプリの価値観を反映した物語の展開は韓国の多くの古典にも共通しています。『春香歌』・『沈清歌』・『興夫歌』など、朝鮮時代を代表する「パンソリ（伝統唱劇の一種）」のほとんどにおいて、物語の主人公たちの恨には怨恨や情報が複雑に入り組んでいます。しかし、その凝《こ》り固まった恨のしこりをほどく方法は、常に「和解を通じた統合」であり、その統合を通じた「めでたし、めでたし」の結末であるところが、日本における文学的結末とは大きく異なることが指摘されてきました。

こうした楽天的構図ともいえるパンソリ作品の例として、『春香歌』を見てみましょう。

『春香歌』は、妓生《キーセン》の娘である「春香《チユンヒヤン》」と、地方有志の息子である「李夢龍《イモンヨン》」との、身分を超えた男女の愛の物語です。その成り立ちについては諸説ありますが、古くから各地方に伝わる説話を母体に、一七世紀頃にパンソリとしてまとめられ、一九世紀の半ばには一般にも広く親しまれるようになったというのが定説です。今日においても韓国人に最も親しまれている古典の一つであり、物語ゆかりの地である全羅道《ぜんらどう》地方では毎年「春香まつり」が盛大に開かれるなど、広く大衆的な人気を集めています。

「全羅道南原地方の官僚の息子である李夢龍と、すでに現役を引退した妓生・月梅《ウォルメ》の娘である春香は、ある日楼閣で出会い、恋に落ちる。しかし、幸せな日々は長く続かず、夢龍の父親が都（ソウル）に赴任することとなり、二人は離れ離れになる運命を強いられる。再会を誓い合った二人だが、夢龍一家が去った後、新たに赴任した官僚の卞《ビョン》が春香を見て一目惚れをし、自分の妾となることを強要する。

その提案を拒み続ける春香に対し、卞はあの手この手で懐柔するが、それが通じないと見るや、今度は春香に体罰を下し、牢屋に閉じ込める。度重なる拷問によって瀕死の状態に陥っていた春香だったが、ある日一人の乞食が彼女を訪れる。それは何と、都にいるはずの夢龍で、二人はそこで念願の再会を果たすことになる。

都に帰った後、科挙試験に首席で合格した夢龍は、暗行御使（身分を隠して悪事を裁く官僚の位）に出世していたのであり、その身分を偽《いつわ》ったまま春香のいる南原に戻ってきたのであった。自分が不在の間に卞が行なった数々の悪行を知ることになった夢龍は、卞を罷免し、投獄する。無事に苦境から救い出された春香と夢龍の二人は、一緒に都に帰り、幸せな生活を送る」

『春香歌』は全十二幕で構成されているにもかかわらず、そのあらすじは意外にも単純で、これまで検討した『東海道四谷怪談』や『仮名手本忠臣蔵』などに比べても、ずいぶんとあっさりしていることがわかります。この恋の物語が韓国大衆を惹《ひ》きつけてやまないのは、そのあらすじの起承転結よりも、各場面における精緻《せいち》なまでの恨の描写や、状況の理不尽さを皮肉るユーモアに満ち溢れたセリフにあるといえるでしょう。

恋に落ちた二人が別れを強いられる場面での情恨。一方的な理不尽な仕打ちによって苦痛を強いられる場面での怨恨。そのすべてを一身に背負いながらも、最後まで希望を捨てずに、苦しみを耐え抜こうとする春香のたくましさ。そして最後に突如として差し伸べられる救いの手と、その手をしっかりと握り、幸せな結末を迎える二人。

数々の伝来説話の統合体でもある『春香歌』の構図には、絶対的な善悪の対立もなければ、登場人物間の対極的な復讐の応酬も見当たりません。むしろ「愚かな悪人による問題の発生」と「救済者の登場による問題の解決」という、きわめて非対称的なやり取りの中で、葛藤は取り除かれ、恨がひも解かれるという仕組みとなっています。

ユングの解釈をふたたび借りるなら、近代化以前の朝鮮半島における伝承物語の原型でもあるこうした構図から読み取れるのは、「ハン（ひとつ）に始まり、ハン（恨）が生まれ、再びハン（ひとつ）に終わる」という、まさにハンを基軸として脈々と受け継がれてきた民族の集団無意識であり、思考様式です。しかしながら、「解いて消す」のではなく、「解いて善くする」というハンプリの実現は、現実の世界では、なかなか容易ではありません。理想とする自分であれ、人間関係であれ、社会であれ、人生や世の中は理想とはかけ離れたさまざまな矛盾で満ち溢れています。それでも、受け入れるのではなく、成し遂げようとする志向性。離合集散を繰り返しながらも最後はみんなで歌い踊る日が訪れるという楽天性。これこそが恨《ハン》の国・韓国の可能性であり、限界でもあるのです。

第二章　格差社会の恨

上昇志向と現状打破志向

心の奥底に凝《こ》り固まった、シコリとしての恨から解き放たれるための営みであるハンプリ。ところが、このハンプリが日常生活でどのように用いられているかを見ると、それこそ、軽くちょっとした「ストレス」にたとえられる場合から、「痛恨の極み」のような重みを持つ場合など、その使われ方はさまざまです。

たとえば「今日は焼き肉をおなか一杯食べて、ダイエットのハンプリをしました！」とか、「念願のブランド物をゲット！　やったね、ハンプリ！」などのネットの書き込みは最もよく目にする日常表現です。芸能ニュースの見出しには「〇〇さん、歌番組の優勝で無名時代のハンプリ」というのもありますし、あるいは、スポーツの野球解説で「韓国代表チームがアジア大会で優勝し、WBC脱落のハンプリを果たした」というのもあります。

このように、ストレスを解消するとか、夢を叶《かな》えるという意味で使われているケースがある一方で、雪辱《せつじょく》を晴らすといった意味で使っているケースもあり、つまるところハンプリが目指すのは、自らの願望や欲望と表裏一体で成り立つ解放感や充満感であることがわかります。

そのような理解から、よく「韓国社会は恨があるから上昇志向が強い」などと言われます。しかし、これは正確な診断ではありません。

確かに上昇志向はありますが、それは単に何かになりたいというのではなくて、今ここにいる自分の現状に対する不満から生まれる願望なのです。お金持ちになりたいとか、出世したいとか、幸せになりたいなどの恨の土台となっているのは、上昇志向ではなく現状打破志向です。

ですから「恨とは何かに対する憧れの感情だ」と理解するのも、間違いです。単に何かに対する憧れではなくて、現状に対するやるせなさがすべての出発点にあるのです。

たとえば、愛する人と人生を共に送りたいたいと願う気持ちは、恨ではありません。そこにやむを得ない死別や離婚などの別れの痛みが伴わなければ、情恨の念は成り立ちません。社会正義を実現したいと願う思いも、恨ではない。そこには社会の不義に対する怒りや問題意識が含まれていなければならないのです。

恨は完璧なる結合体への願望だと先に述べましたが、これも同じです。ただ単に一緒になりたい、みんなで何かをやりたいというのではなくて、今の社会が不当に分裂しているという危機意識から生まれる志向性です。

こうした恨を否定的な感情と見るか、肯定的な情緒と見るかという点は、常に意見が分かれるところですが、やはり表裏一体になっているというのが正解でしょう。単純に高みを目指すのではなくて、その出発点には常に現状が満たされないことへの批判意識があるのです。

恨のハングリー精神

こうした現状打破志向に基づく恨の精神性は、よくハングリー精神にもたとえられます。ハングリー精神というと、何か時代遅れのファイトスピリットのように扱われることもありますが、私がこのハングリーという言葉に改めて注目したのは、今から三年ほど前のことです。

二〇一二年の夏、スタンフォード大学の卒業式に招かれて、多くの卒業生を前にスピーチを行なったのはアップルの創業者であるスティーブ・ジョブズでした。普段からプレゼンテーションやスピーチ能力が卓越しているとの定評があったジョブズでしたが、彼が若者たちを前に強調したフレーズこそが、「ステイ・ハングリー、ステイ・フーリッシュ（Stay hungry, Stay foolish）」だったのです。

ハングリーであれ、そして、愚かであれ。これ自体はスチュワート・ブランドの著作『ザ・ホール・アース・カタログ（地球百科）』のなかに出てくる文言ですが、ジョブズは子どもの頃にこの本を読んで、この言葉を脳裡《のうり》に刻みつけたようです。「地球は未知の知識と情報に溢《あふ》れた素晴らしい世界である。その知識を吸収し、世の中を理解するために、今この学舎《まなびや》を旅立つ皆さんにぼくが望むのは、ステイ・ハングリー、ステイ・フーリッシュであることだ」と、ジョブズは訴えたのです。

文脈は違うけれど、このハングリー精神こそ、現状打破志向の恨の情緒と非常に似ているものなのだと思います。今ここにいることに満足せず、さらに前へ前へ進もうとする精神。実際に、韓国の現代史を振り返ってみると、まさにハングリー精神に基づくハンとハンプリの連続でもありました。

ざっと概観するだけでも、一九四八年に「大韓民国」が建国された直後の一九五〇年代は、「亡国のハンプリ」の時代です。新しい国づくりの方向性が「反日」と「反共」という二つの社会イデオロギーに基づいて推《お》し進められたのも、植民地支配と分断国家に対する問題意識から出発した結果でした。その結果、韓国は日本と対立しながらも、朝鮮戦争を戦い抜き、その廃墟からの急激な産業化や都市化、そして高等教育の大衆化を進めていきます。

その後の一九六〇~七〇年代には、本格的な「貧困のハンプリ」が始まります。この時代は「日本に追いつけ、追い越せの時代」であると言われることも多いのですが、それは日本側が注目するスローガンのひとつに過ぎず、韓国社会が目指していたのは最貧国からの脱却以外の何ものでもありませんでした。財閥の育成や海外労働者派遣などの産業戦略のみならず、日韓国交正常化やベトナム戦争への参加など、貧困脱出のためのあらゆる政治的手段も積極的に動員されました。

そんな韓国が中堅国の仲間入りを果たしたといわれる一九八〇年代に入ると、今度は「民主化のハンプリ」が社会を強打します。軍部政権の独裁的権力による民主主義への弾圧に対する問題意識が国民的な民主化運動の大きなうねりとなって、一九八七年には、ついに建国以来四〇年ぶりの民主化の達成という偉業を成し遂げるのです。

　それ以降も、九〇年代には、冷戦終結という国際情勢の中で分断国家のあり方をめぐる問題意識が表面化し、韓国社会では「民族のハンプリ」とも呼ぶべきナショナリズムが高まっていきます。国家や民族をめぐるイデオロギー対立が鮮明になり、こうした政治的対立軸は今日の韓国政治においても健在です。日本の戦後史が事実上の自民党による一党支配の政治情勢の中で運営されてきたこととは大きく異なる「対立と混沌と変革」の慌《あわ》ただしい様相が、韓国政治に見られるのはそのためです。

　このように、良くも悪くも、常にハングリー精神ならぬハンプリ精神によって牽引《けんいん》されてきた韓国社会。しかしながら、いつからか、そんな韓国社会も現状打破のエネルギーを失いつつあるという懸念の声が、韓国内のあちらこちらで聞こえています。

　人々の心を支配しているのは、理想の実現に向けたハンプリの精神ではなく、現状を否定し、その欲求不満を解消するための鬱憤《うっぷん》晴らしではないかという問題意識です。

時代はハングリーからアングリーへ

そんな懸念の声として、韓国の保守系のメディアである「イ・デイリー（e-daily）」の社説をご紹介しましょう。タイトルは「ハングリーからアングリーに向かう韓国社会」というもので、これまでハングリー精神に基づいて立派な成長を遂げてきたように見える韓国社会が、いざその言論空間では、お互いを誹謗《ひぼう》中傷し、人身攻撃を厭わず、怒りの捌《は》け口としての暴力的言語表現が蔓延《はびこ》っていることに懸念を示しながら、次のように述べています。

「成果社会が鬱患者や落伍者を生み出す」と主張するドイツ在住の哲学者ハン・ビョンチョル教授の著書『疲労社会』は、現代社会のパラダイムシフトを鋭く、そして広くとらえた力作であり、本著が発行されたドイツ現地ではもちろんのこと、国際的にも共感を呼んでいる。しかし、韓国社会がアングリー（angry）社会に転換しつつあるという韓国国内の学者たちの診断は、疲労社会のようなグローバルなレベルではなく、韓国特有の現象として提示されたものである。そうであるだけに、

この問題は私たち自らが深い分析を通じて慎重に解決策を模索しなければならない事案だ。（二〇一四年九月三十日付）

韓国はなぜ方向性を失い、ハングリー社会からアングリー社会へと変質してしまったのか？　今の韓国社会は過剰なまでの鬱憤に満ちているという切り口は、社会の現状分析に取り組む論壇においても、たびたび登場するテーマのひとつです。

韓国は「憤怒社会」であると警鐘を鳴らす学者や、「憤怒調節障害」に陥っているようだと書きたてるメディアも後を絶ちませんが、これらの指摘に見られる共通点は、その背景として韓国社会の過剰な競争と格差の現状に注目していることです。

ドイツのベルリン芸術大学で教鞭《きょうべん》を執《と》るハン・ビョンチョルの著書『疲労社会』は韓国で大きな反響を呼んだだけでなく、本国ドイツでもベストセラーになりました。この本でハン教授は、冷戦時代からグローバル時代に向かった二一世紀のパラダイムシフトとは、敵対的構図に基づく規律社会が、新自由主義に基づく競争社会に移る過程で発生したものであり、それとともに人々の価値観も否定的な世界観から肯定的な世界観へと変貌したことであると、主張します。

「何をすべきか」を問われた規律主義から「何でもできる」と言い聞かせる楽天主義への移行は、人間の欲望も無制限に容認し、「こうすれば、より幸せになれる」「こうすれば、より利益を追求することができる」という成果主義の考えを無批判的に受け入れることにつながります。こうしたパラダイムシフトは人々を過剰な成果刺激にさらしながら、過剰な労働へと駆り立て、結果としての慢性疲労社会を生み出しているのだ、というのです。

そういえば、韓国社会で「世界化」や「無限競争時代」などという言葉が流行し、国の指導者でさえも「国際セールスマン」になることを自負していたのが一九九〇年代初めの金泳三《キムヨンサム》大統領の時のことでした。大学を卒業したばかりの当時の私には何のことか意味がよくわからず、それでなくても学生たちはみんな受験競争で大変なのに、何が無限競争時代だと、いぶかしく思ったものです。

今にして思えば、あれは韓国社会のみならず、冷戦が終わった世界中に押し寄せていた「第三の波」でもあったわけで、グローバル・スタンダードなる概念の下で産業や金融秩序が再編され、自由貿易や投資ファンドなどの用語が身近に感じられるようになったのも、ちょうどその頃からでした。

それでもなお、なぜ韓国社会だけが過剰なまでの競争社会へと突入し、格差感は拡大し、人々は鬱憤に満ちたアングリー状態に追い込まれているのか？　あるいは少なくとも、今日の韓国社会がそのような問題意識を抱え込むようになった本当の理由とは何か？　その背景について探るには、もう一つの忘れてはならない出来事がありま す。

一九九七年に起きたアジア通貨危機が、韓国社会を直撃したのです。

通貨危機と広がる格差感

通貨危機（currency crisis）とは、国際経常収支の赤字拡大とそれを防御するための外貨が不足するなどして、国家経済に致命的な打撃を与える現象を指します。

外貨不足はその国の企業や金融に対する国際的信用度を低下させ、外貨の借り入れはさらに困難となり、為替《かわせ》の不安定化を招くなどの悪循環の引き金となります。この悪循環に陥ると、外国投資資本の国外流出は止まらず、貨幣と株の価値急落による金融機関の破綻《はたん》が避けられません。さらには、こうした金融破綻が必然的に企業の倒産へとつながり、数多くの労働者が職を失うという国家的危機を招く構図です。

かつてのイギリスやメキシコ、そして今日ではギリシャなどのEU諸国でも見られる現象ですが、一九九七年に発生したアジア通貨危機は、韓国社会に計り知れないほどの大打撃を与えることになりました。

当時の韓国政府は国際通貨基金（IMF）や世界銀行（IBRD）、そしてアジア開発銀行（ADB）などから約三〇〇億ドルに上る緊急融資を受けてこの危機を何とか乗り越えることに成功します。国民を挙げての「金の募金運動」が展開され、予定より三年も早い二〇〇一年にはすべての借金を返済し終えたことが今でも語り草になっています。

しかし、そうした国家一丸の涙ぐましい努力の代償はあまりにも大きく、二〇年近くが過ぎた今でも韓国社会のあり方そのものを根底から変えた出来事として位置づけられているのです。

そんなアジア通貨危機がもたらした韓国社会への影響としては、何よりもまず、企業間・労働者間の格差感が広がったことが挙げられます。

通貨危機以降の韓国財閥は、生き残りをかけた大胆な企業の統廃合を求められ、巨大資本戦略を加速させながら、ITや輸出産業における効率と成果を高めてきました。サムスンやLG、現代《ヒュンダイ》グループなどは皆、そうした選択と集中に基づく企業の統廃合を経て、グローバル競争に勝ち抜いてきた企業群であるといえます。

一方で、こうした財閥の効率化戦略は、韓国内の中小企業の成長を抑圧し、結果としての低賃金・低付加価値の零細企業群を増大させたという指摘も後を絶ちません。財閥の輝かしい成長の果実が社会的な利潤になるどころか、むしろ零細中小企業に対する直接的なしわ寄せとなって、弱者の取り分を横取りしているという主張です。自由競争という名の下で、利益率の高い産業はグループ内に抱え込み、外部の下請けに対しては不当なまでの価格競争を強《し》いることで自らの利益を確保してきた。こうした財閥経営のあり方は、中小企業の成長と競争力の向上を、事実上は妨害しているのだという視点です。

こうした企業間ならびに労働者間の収益と賃金に対する不満と格差感の高まりは、韓国内における社会経済的な分裂をもたらし、持てる者と持たざる者との二分法的な対立的理解へとつながっています。通貨危機という韓国ならではの経験に基づいて、グローバル時代への積極的対応から出発したはずの市場と企業政策における改革は、そのプレーヤー間の利害の不一致や将来への不安を抱えたまま、今も作動し続けているのです。

「富益富、貧益貧」の恨

通貨危機以降の格差感の高まりは、企業や労働者などの公的な経済分野のみならず、一般家庭などの私的経済領域においても拡大しています。

これは、通貨危機以降の韓国人の経済活動に占める金融分野の比重が急速に増え、企業投資家のみならず、むしろ一般の人々が銀行からの借り入れなどを通じて株やファンドなどへの投資に積極的に参加していることとも、関係しています。こうした投資活性化の背景には、韓国社会で進展した新自由主義的な金融の流れと高齢化現象が相まって、退職年金や国民年金などの投資可能な金融資本の規模が膨れ上がった事実があるとされます。

しかしながら庶民にとっての投資の実態は、早期退職や再就職が困難である中高年層、雇用や就業不安を抱える中若年層による所得の補助または代替手段としての意味合いが強く、資本が資本を生み出す投資の属性に鑑《かんが》みた場合、その現状はけっして生《なま》易《やさ》しいものではないことは想像に難《かた》くありません。

事実、外需と内需の二輪によって支えられている韓国経済において政府が最も苦心しているのはむしろ内需であり、消費の活性化がなかなか見込めない状況が深刻化しています。そして、その最大の原因として指摘されているのが、一般家庭の借金である「家計負債」の存在なのです。

韓国銀行の調査結果によれば、住宅担保借り入れなどを含む一般家庭の金融機関からの負債額は、二〇一四年九月現在で総額一〇五〇兆ウォン（日本円で約一〇〇兆円）を超えているといいます。

特に深刻なのは、こうした負債額は家庭の収入を上回るスピードで増加しており、二〇〇八年のリーマンショックに始まった世界金融危機以降の株や不動産相場の落ち込みは、家庭の収入に占める返済負担率を押し上げたばかりでなく、その返済もままならない、いわば多重債務者の数を人口の約一割に当たる最大四〇〇万人規模にまで膨れ上がらせているといいます。

また、こうした企業と家庭における「雇用・所得・資産」の格差は、さらなる資本獲得やその再生産の手段である不動産や貨幣、労働市場への参入にも目に見えない壁を作っているとの指摘もあります。韓国研究財団の研究報告書「市場社会と市場人間-九七年危機以降の韓国社会システムと生活世界の転換（二〇〇九）」によれば、韓国の土地取引市場に自由に参加できるのは最上位の資本階級に限られ、中間層は主に住宅と金融市場に流れ込み、さらに最下位グループの下流層には労働市場への参入のみが許されているといいます。

富める者はますます豊かになり、貧しい者はますます困窮する。社会学では「マタイ効果（Matthew effect）」と呼ばれるこの現象を、韓国では、「富益富、貧益貧」現象と呼んでいます。持てる者と持たざる者との所得と資産における「富益富、貧益貧」

現象は、ＯＥＣＤの各種統計や日本との比較における指標などの数値をはるかに上回る勢いで、韓国社会の格差感においてこそ、その効果を最大限に発揮しているようです。

「五放世代」の恨

二〇一三年の韓国の名目ＧＤＰ（国内総生産）は約一三〇五兆ドルで、世界一四位の座を占めています。世界三位の日本に比べると経済規模が小さいように思われるかもしれませんが、人口わずか五千万の韓国が、最近でも年間約三〜四％の成長を続けながらここまで到達したことに、個人的には深い感慨をおぼえます。

今から三年ほど前の話とは言え、アジア開発銀行が「二〇三〇年の韓国の一人あたりのＧＤＰは五万六千ドル（購買力指数を考慮した数値）で、五万三千ドルの日本を上回る」との試算を出したことを思うと、数十年前の最貧国時代はさて置き、通貨危機以降の約二〇年にわたる変化には、やはりそれ相応の努力を尽くしてきたのだと評価すべきでしょう。

通貨危機以降の韓国社会では、政府主導の大胆な規制緩和などにより、グローバル市場経済に対応するための新たな社会システムづくりが進められていきました。しかし忘れてならないのは、こうした体制整備は、他方で、従来の韓国社会における雇用のあり方にも変化をもたらし、企業と労働者との関係にも影響を与えるようになったという事実です。

それまでの日本型年功序列や終身雇用制は、欧米型の成果主義へと大きく舵《かじ》を切り、安定的な生涯雇用という概念は崩れていきました。ただ、韓国社会における雇用不安の本当の理由は、そうした制度のあり方にあるのではなく、これらの制度を支える雇用インフラが整っていないことにある、というのが私の考えです。

事実上は折衷《せっちゅう》型で、管理職以下に適用される年功序列制と、管理職以上に求められる成果主義のあり方は、その双方に不満と不安を募らせているだけでなく、転職を含めた雇用の流動性が十分に確保されない状況での「行き場のない競争感」を加速させています。また、いわゆる「通貨危機世代」と呼ばれる若年層においては、正規雇用の縮小と非正規雇用の増大という時代の流れの中で、狭き門に入るための競争は激化し、学歴格差や世代間格差にさらされているという不公平感を募らせています。

中年の管理職には「四五定（四五歳で定年を迎えるという意味）」や「五六盗（五六歳でも会社で働き続けるのは泥棒だという意味）」などのあだ名がつけられ、競争に疲れた若者たちを、人生において三つを放棄しているという意味の「三放世代（恋愛・結婚・出産）」と呼んでいたのも今は昔のことです。

「四五定」や「五六盗」の世代はとっくに退職して自営業へと飛び込み、その大半が経営に失敗していることが大きな社会問題になりつつあります。多少の元手があればコーヒーショップを、そうでもなければフライドチキン店などを開いて再起を図るものの、二〇一三年現在、閉店に追い込まれる店舗数は年間で六六万に上り、新たに店をオープンする店舗数を八万も上回っています。

「三放世代」と呼ばれた若者たちにも、最近では新たに「五放世代」というあだ名がつけられました。恋愛・結婚・出産に加えて、経費の掛かる人間関係やマイホームが「放棄」のリストに加わり、その不安定な未来を自虐的に展望しているのです。これらの流行語から読み取れるのは、苦労を笑いに変えるユーモア感覚ではなく、現状打破に対する無力感であると同時に、強迫観念ではないかとの懸念を抱かせます。

いつの間《ま》にか「グローバル時代の無限競争」という方向に向かって走り出した韓国列車。その行き先を掲げた特急列車に身をゆだねなければならない人々の心を支配しているのは、もはや未来を見据えた現状打破のハングリー精神ではなく、いつ自分が事故の犠牲者になるかもしれないという不安であり、その不安心理が生み出したアングリーな精神状態に基づく恨なのかもしれません。

「ナッツリターン」と甲乙関係

二〇一四年も暮れにさしかかった師走のある日。ニューヨークのジョン・F・ケネディ空港から韓国の仁川《インチヨン》空港に向かおうとしていた大韓航空KE０８６便の機内で起きた不愉快なハプニングは、その後、韓国社会全体を怒りの渦《うず》へとかきたてる大事件に発展しました。

日本をはじめとする海外メディアも大きな関心を寄せ、いわゆる「ナッツリターン事件」として報じられた一連の騒動において気になるのは、何といっても「韓国人の怒りの正体」ではないでしょうか。事件の当事者である趙《チョ》氏の怒りもさることながら、なぜ韓国の人々はあれほどまでに憤慨し、メディアを含めて、それこそ社会を挙げての大バッシングとなったのか？

結論から申しますと、過剰なまでの盛り上がりの背景にあったのは、韓国特有の三つの社会心理が複雑に絡まった恨でした。

ひとつ目は「甲乙関係」に言い表わされる不当な人間関係に対する怒り。二つ目は、「経済民主化」という社会正義が実現されないことへの苛立《いらだ》ち。そして三つ目が、一連の心理的根源としての「無限競争時代の格差感」であり、その格差感がもたらした社会を眺める対立的視点である、というのが私の分析結果です。

このやや面倒な社会心理の対立軸が理解されない限り、ナッツリターン事件とは、ただのつまらない騒動に過ぎず、それに対して憤慨する韓国社会もまた、わけのわからないストレス過剰社会にしか見えてきません。問題は、ナッツリターンに投影された韓国社会の恨が、社会の統合ではなく、むしろその分裂を助長しながら、現状打破の方向性を見失わせているという点です。

まずは、事件のあらましを整理しておきましょう。

大韓航空の機内サービスおよびホテル事業部門の総括副社長であった趙顯娥《ヒョンア》（四二歳）氏は、ファーストクラスに座っていた自分への客室乗務員のサービス問題で憤慨し、その責任者を機内から降ろすために約一七メートルにわたって飛行機をリターンさせました。問題は、趙副社長には飛行機の運航を指示・命令するいかなる法的権限も与えられておらず、その行為は企業オーナーの子女であり、副社長であるという一方的な自己自意識に基づく誤った権力行使であるという疑問が呈されました。

このことがメディアで報じられ問題視されると、韓国の国土交通部が大韓航空社に対する調査を開始。会社側に対しては運航停止などの行政処分を下す一方で、趙氏を航空保安法違反などの疑いで検察に捜査を依頼します。これを受けて検察は趙氏を逮捕。本格的な捜査の結果、業務妨害と航路変更などの航空保安法違反の容疑で趙氏を起訴するとともに、大韓航空の役員および国土交通部の調査官に対しても、それぞれ証拠隠滅および業務上機密漏えいの疑いで逮捕、起訴しました。

拘置所に収監された趙氏に対する裁判は、事件発生からわずか二カ月足らずという異例の早さで開かれ、趙氏がほとんどの容疑を否認したにもかかわらず、裁判所は大方の予想に反して「執行猶予なしの一年六カ月の実刑判決」を言い渡しています。

以上がナッツリターンの概要ですが、この事件の最も特異な点は、何といってもそのきっかけにあります。

周知のように、そもそも趙氏が機内のサービス責任者を飛行機から締め出すほどに憤慨した理由とは、「マカデミアナッツを袋ごと渡したこと」であるとの報道が一般的でしたが、これでは、事件の本質は見えてきません。趙氏が憤慨した本当の理由は、自分の指摘にもかかわらず、サービス責任者が「マニュアル通りの対応であった」ことを客観的な資料とともに主張した事実にあります。

結局、間違っていたのは自分であることが明らかになるにつれ、面子《メンツ》を潰《つぶ》されたと感じた趙氏が「自分に歯向かう部下」に対して怒り狂った、というのが真相のように思います。

それにしても、誰でも間違いは犯すのだから、その場であやまって認めれば済む話ではないかと考えるのが成熟した市民社会の常識ではありますが、そこで問題が発生してしまったところに、韓国社会が抱える根深い甲と乙の対立軸があるのです。

経済民主化とウォール街占拠

最近、韓国でよく耳にする「甲乙関係」とは、上下関係または主従関係を意味する言葉です。商取引の契約書などに記される甲と乙は、本来は対等で平等な契約関係であるはずにもかかわらず、実際には目に見えない序列が存在していることを揶揄《やゆ》した表現でもあります。

ですからこれは序列といっても、何も韓国社会の儒教的価値観云々という類《たぐい》の話ではなく、もっぱら資本主義の経済論理に基づく権力関係を意味します。

ナッツリターンの趙顕娥氏について、「まさにスーパー甲である」などのネットの書き込みが後を絶たなかったのも、財閥三世の彼女に象徴される「富と権力を握る者」としての甲の存在が意識されたためです。

当然のことながら、韓国のメディアも含めて、甲乙関係を用いる際の話し手の視座は、主に「弱者としての乙」にあり、甲乙関係が言い表わしているのも「甲の横暴による、乙にとって不当な仕打ち」という意味です。

しかし韓国社会でこの甲乙関係という言葉が盛んに使われるようになったのは、実はここ二、三年の話です。それまでは、いわば「とんでもない人たちの横暴や醜態」が目に付くことはあっても、それは個別的事案として受け止められ、社会問題として取り上げられることはほとんどありませんでした。

それがにわかに社会的な議論の対象になり始めた背景には、ちょうどその頃から韓国社会で公論化されたもう一つのテーマである「経済民主化」の問題がありました。より正確には、甲乙関係は現状に対する問題意識であり、経済民主化は現状への対応策でもあるのです。

経済民主化とは、韓国憲法にも記載されている用語ですが、これが一般に広く知られるようになったのは二〇一二年の大統領選挙で各候補者が選挙公約に掲《かか》げたあたりからでした。したがって、実質的には一種の政治スローガンの意味合いが強く、古今東西のスローガンがそうであるように、それは当時の韓国社会に蔓延《まんえん》していた格差是正のニーズを的確にとらえた文言でもありました。

韓国の憲法第一一九条一項には「大韓民国の経済秩序は、自由と相違を尊重することを基本とする」と明記されている一方で、続く二項には「国家は均衡の取れた国民経済の成長と適正な所得分配、市場の支配と経済力の乱用防止、経済主体間の調和を通じた経済民主化のために、経済に関する規制と調整を行なうことができる」とあります。これは、裏返せば、「韓国民の経済の成長はバランスが悪く、所得の分配は適正なレベルに達しておらず、さらに市場は経済力の乱用によって支配されている」という現状認識が経済民主化を求める声の出発点になっていることを意味します。

当時の韓国大統領選は、二〇〇八年に始まったアメリカ発の金融危機に加え、二〇一〇年のギリシャ発の財政危機に端を発したEUの経済不安など、世界規模での深刻な不景気の中で行なわれました。欧米を中心に、改めてグローバル化や新自由主義、格差拡大などをめぐる議論が持ち上がり、甲論乙駁《おつばく》の様相を呈《てい》していた時でもありました。

そんな中、二〇一一年には、アメリカの若者たちによる「ウォール街占拠(Occupy Wall Street)」の動きが世界中で大きな注目を集めました。金融危機によって長引く不況は、格差拡大や金融資本の不道徳性を糾弾する動きへとつながり、同年十月には、韓国をはじめとする八二カ国の約九〇〇の都市で同様のデモが行なわれています。

当時の若者たちの不満は「一％対九九％」というスローガンに代表されますが、一％のお金持ちと抵抗する九九％の一般人という圧倒的にバランスの悪い対立構図は、韓国社会でも大きな共感を呼び、韓国語的な表現法としての「甲乙関係」という言葉を流行《はや》らせていったのではないかと思います。

通貨危機以降に意識され、リーマンショック以降に再浮上した格差是正を求める韓国内の社会的ニーズは甲乙関係に代弁され、その対応策として掲げられた「経済民主化」は、両極化する韓国社会を、格差是正を通じた統合社会に導くための方向性を示す概念でもあったのです。

民主主義のルール

ちなみに、日本社会の民主主義においては、「ルールを守ること」が何よりも重視されていると、私は感じます。ソクラテスが言ったように「悪法も法なり」ではありませんが、決められたことをきちんと守ることが民主主義の基本であるということです。しかし、民主主義におけるもうひとつの重要な要素は、アリストテレスの実践哲学が提唱するように「適切なルールを作ること」でもあります。そして韓国社会においては後者のほうが強く意識され、しばしばルールを守ることよりも、ルールの妥当性を問う姿勢が表に出ることが多い。

経済民主化は、今でも韓国社会にとっての大きな政治課題であり、法整備を含めた多様な手段が検討されるべきであるという点では社会的な合意に至っています。しかし、その進捗《しんちょく》がままならないのは、経済に対する国家の規制や調整はどの程度が適切なのかに対する合意はないままに、格差是正と経済民主化を等式的にとらえた問題意識だけが声高《こわだか》に叫ばれているためです。

こうした単純化された問題意識は、経済関係のみならず、韓国社会のあり方そのものを「一％対九九％」の図式でとらえ、財閥と中小企業、正規雇用と非正規雇用、持てる者と持たざる者の対立軸を鮮明化させていく危険性を孕《はら》んでいます。

「甲である財閥」は「乙である中小企業」を搾取し、その固有の市場領域である町のパン屋さんまでを独占している。同じ仕事をしているのに賃金格差が大きいのは、「甲である正規雇用者」の給与が高く設定されすぎていて、「乙である非正規雇用者」にそのしわ寄せがきているためである。問題は甲の側にあるのであって、乙はその被害者であるのだから、規制の対象となるのは加害者の甲であり、問題の解決も甲の責任で行なわれるべきである。これらの主張をまとめれば、甲乙関係における乙の役割とは、甲の不当性を訴えることにあるのだ、ということになります。

ナッツ姫こと、趙顕娥氏に向けられたバッシングの背景にあったのも、本質的にはこうした単純化された甲乙の視点であり、甲の横暴に対する乙の不当性の訴えでメディアの視点も一貫していました。ナッツリターン発生後の会社側の対応などを考慮すると、この騒動をめぐる一連の流れは、その逮捕から判決までを含めて基本的には妥当であったと思います。しかし、そこに欠落していたのは、今回のことを機に、韓国社会が目指していくべき成熟した市民社会のあり方をめぐる議論でした。

改めて思い起こせば、ウォール街の占拠運動は、結局その方向性が見出せずに、最後は有耶無耶《うやむや》に散らばっていきました。現実社会の対立軸を見出すのは容易に見えても、その構図が「めでたし、めでたし」の統合的結末に至るには、それこそ和解を通じた恨の精神が求められるのではないでしょうか。

第三章　家族・民族の恨

ヨンさまの家族

二〇〇四年に日本で起きた「ヨンさまブーム」は、一〇年以上が過ぎた今でも記憶に新しいところです。ヨンさまとは、韓国の人気俳優である裵《ペ》勇浚《ヨンジュン》さんのことですが、二〇〇三年にBSで放送された「冬のソナタ」でブレイクし、翌二〇〇四年にはNHK総合テレビでも放送され、一躍時の人となりました。

この年の十一月にヨンさまが来日した時のことです。宿泊先のホテルニューオータニの前には、それこそ一千人以上の熱烈な女性ファンが詰めかけました。このため、大勢の警備員が出て厳重な警備が行なわれ、事故が起こらぬようにと、ホテルと警視庁はヨンさまに「ホテルから会見場に直行してください」と要請したのだとか。

しかしヨンさまは、ホテルの前で待っているファンを無視することはできないとして、ファンの前を車で通り、窓を開けて手を振りました。そうしたら、興奮した一部のファンが車に付いて駆け出し、将棋倒しになって転倒する事故が起きてしまいました。幸い大事には至らずに済みましたが、それでも一〇人ほどが病院に運ばれて治療を受ける騒ぎとなったのです。

その日の記者会見で、ヨンさまはこんな趣旨のことを述べました。

「笑顔でカメラに向かいたいところですが、非常に残念なできごとが起きてしまい、私は今、心から笑うことができません。車の窓から黙礼をしようと思い、可能だとも思いましたが、結果としてうまくいかず、家族の皆さんがケガをしてしまいました。家族の皆さんのケガがひどくないといいのだけれども」

この時、ヨンさまはファンのことを何度も「家族」と呼んだため、日本のメディアでもちょっとした話題になりました。こうした発想は日本人には馴染《なじ》みがなかったのでしょう。この話題を取り上げた当時のテレビ番組では「ファンが、なんで家族なの」「ゾッとする」などとコメントする人もいました。

私は別にヨンさまのファンではありませんが、私のふたつ違いの姉が大ファンです。「ヨンさまのどこがいいの?」と聞くと、姉は「ヨンさまは別格よ。普通の芸能人にはないカリスマ性があるのよ」と、なぜか自慢げに答えていました。なるほど、そんな見方もあるのかと妙に納得した記憶がありますが、たしかに最近ではテレビ画面で見ることもなくなり、雑誌の写真などを見る限りでは、髪を伸ばし、独特の服装をして、どこか新興宗教の教祖のような印象も漂《ただよ》います。

しかしながら、今にして思えば、たしかにヨン様は別格なのかも……。ファンの皆さんを「私の家族」と言ってのけるところに、ありふれた芸能人への媚《こび》ではない、「韓流スターとしての思想」が読み取れるからです。

その韓流的思想とは、ずばり「家族主義」です。

家族主義とは、家族としての人間関係や生活態度を、家族以外の社会集団にまで拡大・適用しようとする考え方を指します。その意味で、この「主義」という言葉は別に難しい話ではなく、「○○を一番大事だと思う考え方」と理解すると一番わかりやすいものです。たとえば、自由主義は自由を一番大事だと思う考え方、民主主義は主権在民を一番大事だと思う考え方です。これに倣《なら》えば、家族主義というのは、家族の関係を一番大事だと思う価値観であり、この家族的な人間関係が、それ以外の社会的な人間関係にまで拡大・適用されることを良しとする考え方だということになります。

そして、韓国ではそのような家族に対する思い入れが非常に強いことから、古くから「家族主義社会」であることが指摘されてきました。完全なるひとつとしてのハンを追求するという抽象レベルでの欲望は、実際の社会生活では「共同体」を重視するという形で、具体化されます。そして、その共同体の基本形である「家族」こそが、人生や社会を生きていくうえで最も重要な運命共同体であるという認識が、韓国的家族主義の要点なのです。

ヨンさまの家族発言にも、自分とファンを相対的に捉《とら》えるのではなく、ひとつの運命共同体として捉える韓国独特の世界観が反映されています。

自分とファンの皆さんとは一心同体であり、その中心に家父長としての自分、兄弟としての自分、または息子としての自分がいるのだという発想。ヨン様自身がどのような立ち位置であれ、またどこにいようとも、愛情を基盤とするファンの皆さんとの家族的な絆こそが、人生を生きていくうえで最も揺るぎなく、守られるべき尊い価値であるのだという意識。

そのように見るならば、たしかにヨン様とは、まさに韓国のスターであり、韓流という韓国文化の体現者でもあったと思うのです。

韓流に見る家族主義

ヨンさまのエピソードに限らず、家族というものが強く意識される韓国人のマインドは、ドラマや映画などの韓流文化にも反映されています。

たとえば、昨年度の二〇一四年に韓国で最も人気があったのが『家族なのにどうして?』というホームドラマでした。韓国公営放送KBS系列のドラマで、年末の演技大賞各部門を総なめにしたばかりでなく、最高視聴率は42・2%を記録するなど、国民的な人気を集めました。

豆腐屋を営みながら男手ひとつで三人の子供たちを育てた父チャ・スンボン。ところがある日、彼は突然、弁護士を通じて子供たちを相手に「親不孝訴訟」なるものを起こします。不治《ふじ》の病に冒《おか》されつつも父がこだわり続けた最後の願いとは何なのか。そして子供たちは、そんな父をどう理解していくのかを描いた家族の成長物語です。

また、二〇一五年に上映され、すでに観客動員総数が一三〇〇万人を超えた映画『国際市場(Ode to My Father, 2014)』は、ひとつの社会現象であると言っていいでしょう。総人口が五千万人程度の韓国で、実に国民の四人に一人は見た計算になるこの映画のテーマは、ずばり「父性愛」。一九五〇年代の朝鮮戦争から六〇年代のベトナム戦争、さらには七〇年代の高度経済成長へと続く、激動の韓国現代史を生き延びた父親たちの姿を描いたヒューマンドラマです。

主人公のトクスは、誰もがそうであったように夢多き子供であり、青年でした。しかし、その人生において一度も自分のために生きるという選択肢は与えられません。家計を担う長男として自分の夢をあきらめ、家族のために生きることを当然のことと受け止めながら、時に涙するも、それでも苦労の時代を笑い飛ばして生き抜いてきた、たくましくも悲しく、そして誰よりも偉大な韓国的父親像への賛歌が主なテーマとなっています。

この他にも、テレビの芸能番組では、父親たちが子育てに四苦八苦する様子を通じて父と子のつながりをテーマにした『パパ、どこ行くの？』や『スーパーマンが帰ってきた』が大ヒットするなど、なぜか近年は過去のような母性ではなく、むしろ父性を中心とした家族像が大きくクローズアップされるようになりました。

少子化が著しい韓国社会において、育児に孤軍奮闘する父親の姿から発信されるのは、過去のような寡黙で厳格な父親像ではなく、わが子に対する愛情に満ち溢れた現代的でやさしいパパ像です。

ありきたりといえばありきたりの、これらのベタな設定が大いに受けている背景には、それだけ韓国家族の現実的な危機意識と願望があるのかもしれません。父性を取り戻し、新たな家族像を立て直そうとする韓流コンテンツが目指しているのも、韓国的伝統の中で培《つちか》われてきた理想の家族像を再提示することです。

かといって、昨今の韓流コンテンツに溢れる父性愛の復活現象を、単なる伝統的家族像への郷愁と見るのも誤りです。「厳格で権威的な父親」と「やさしい愛情に満ちたパパ」の姿は、一見すると昔と今の対比のようにも見えますが、その鏡合わせの二つの姿は、実はどちらもぎこちない、デフォルメされた父親像に過ぎません。

そのいずれの姿を強調するにせよ、問いかけているのは「家庭の中心」であり、その中心に集《つど》う家族のあり方です。それが母性であれ、父性であれ、威厳であれ、愛情であれ、そして変わりゆく時代のトレンドはどうであれ、ひとつに集う家族としてのハンのあり方こそが、数多くの韓流ドラマや映画における変わらぬテーマなのです。

伝統家族と家父長制度

家族という存在は当たり前でも、その定義となるとけっこう複雑です。性的欲求から発生する生殖や生存の役割を担う「生物学的単位」であるという説明。また、それが制度化される過程で家や家族、世帯などの「法的概念」へと分化していったという説明。さらには、産業化や大衆化に伴う「生産と消費の単位」としての説明など、その切り口もさまざまです。しかし、これらの諸定義から共通して言えることは、家族とは、時代や環境の変遷とともにその姿かたちを変えつつも、依然として存在・機能し続けている「生活のための最小の共同体」であるという点でしょう。

そんな家族のあり方は、韓国社会においても目まぐるしく変化してきました。近代化以前の朝鮮社会、すなわち二〇世紀以前の伝統的な農耕社会では、「家父長的家族制度」が支配的でした。

家父長制度とは、家父長の地位にある個人が資産の独占権や家系の継承権を握り、残りの家族構成員はその支配下に入る構造のことです。男性中心の序列的秩序の上に成り立つ家父長の権限と地位は、主に長男によって継承され、対内的には家族を統率し、対外的には家族を代表しました。

「韓国は儒教社会だから、家父長制度が根強い」と思われがちですが、それは誤解です。実はこの制度は、朝鮮半島のみならず、アジアやヨーロッパなどの世界中で広く運用されてきたものでもあるのです。

古代ローマにおける家族制度が強力な家父長的権限に基づいていたことは有名で、当時の家父長には、家族構成員の殺生権《さつしょうけん》、売却権、懲戒権、婚姻と離婚の強制権などが与えられていたといいます。

また、中国の場合は、儒教的価値観とともに家父長制度が発達し、家父長と家族構成員との服従関係が国家的概念にまで適用され、君主はすべての家族構成員の頂点に位置する家長的存在として君臨し、崇《あが》められました。中東のイスラム諸国においては、今日でも強力な家父長的秩序が家庭や社会を支配しています。

日本における「家制度」も、強力な儒教的倫理観のもとで整備されたものです。家族構成員の序列化は「孝」や「貞」の概念で正当化され、親子や夫婦の縦軸の関係が強調されていきました。こうした序列関係に基づく社会秩序の維持は、やがて明治維新以降の天皇制イデオロギーへとつながり、その過程で「孝」の概念は「忠」の概念と結び付けられ、「忠孝一本」の倫理観が教育勅語にも反映されるようになるのです。

他方で、朝鮮半島における家父長制度は、古代の婚姻制度に見出《みいだ》されることはあるものの、その社会制度としての整備と定着は、朝鮮時代の中期である一七世紀以降のことだと言われています。言い換えれば、一七世紀以前の朝鮮社会では「父系」の概念も確立されてはおらず、いわゆる「母系（母や嫁の家）」を中心に居住や生産活動が行なわれていたという記録が多くの文献に残されています。

また、財産の相続においても男女の区別はなく、息子がいない場合でも養子を取って家を継がせることはなかったといいます。

しかし、朝鮮時代も後期に入ると、男性中心の序列的家父長制度は強化され、一般民衆にまで広く受け入れられるようになりました。「朝鮮は儒教社会である」と一括《ひとくく》りに語られることも多いのですが、実際に「どの程度儒教的であったのか」については慎重に見極める必要があります。約六〇〇年も続いた朝鮮王朝の歴史において、新たな国家理念としての儒教が登場したのは一四世紀も末のこと。その価値観が家族という社会の最小単位にまで浸透するには、実に四〇〇年以上の長い歳月が必要とされたのです。

いずれにせよ、そんな朝鮮後期における家父長制度は、「孝《こう》」の概念を通じた服従的親子関係と、「貞《てい》」の概念を通じた従属的夫婦関係という点でも明らかなように、日本における儒教的家父長制度の基盤であり、模範にもなったものでした。

また、こうした儒教的家父長制度が国家組織にも適用され、国王に対する忠孝の倫理観のみならず、支配階級と被支配階級の身分関係をはじめとするすべての社会的関係に拡大、適用されていったことも、中国・朝鮮・日本に共通する現象です。

それぞれの家父長制度における詳細な相違点はいくつかありますが、中でも日本が先立っていた点があるとすれば、それは近代化以降に家父長制度を法的に整備した「家制度」を導入したことです。それはそのまま植民地時代の朝鮮社会にも適用され、後の韓国社会においても「戸主制度」として残されました。

ちなみに、韓国でこの戸主制度が正式に廃止されたのは二〇〇八年のこと。戦後間もない一九四七年にこの制度を廃止した日本に比べると、遅れること実に約六〇年です。男女平等の侵害など、さまざまな憲法違反の要素が指摘され続けてきたにもかかわらず、この制度が長きにわたって韓国社会で生き延びた背景には、数百年にわたって深く根づいた儒教的価値観もさることながら、近代化以降の朝鮮・韓国の歴史が、生存のための共同体である家族に対する依存度をさらに強める方向へと流れた経緯があります。

韓国的家父長制度における最大の特徴とは、その儒教的論理にあるのではなく、現代社会においてもなおその役割と自己責任が問われ続ける、しぶとい生命力にあるのです。

危機にさらされる韓国家族

本来ならば、どの国よりも強固な絆《きずな》で結ばれていたはずの韓国家族。しかしその安泰であったはずの「ハンの共同体」にも、二一世紀を迎えた今日ではさまざまな変化が起きています。

帝国の崩壊以降、家族の再生とともに戦後の復興を安定的に成し遂げてきた日本とは異なり、朝鮮半島の歴史は、植民地支配からの解放と朝鮮戦争、貧困の克服と民主化の達成、さらには通貨危機とグローバル化への対応という、まさに「激動の現代史」を歩んできました。そして、その節目ごとに家族の存続は危機にさらされ、時には無残に破壊されていった経験は、韓国社会の家族に対する新たな恨を生み出す仕組みを作動させます。そうした中で、一心同体としての家族を理想とし、その追求にこだわり続けた歳月こそが、日本にとっての「いわゆる戦後七〇年」を歩んできた韓国家族の歴史でもあるのです。

中でも、家族の崩壊と危機という意味では、「朝鮮戦争（一九五〇～五三年）」と「通貨危機（一九九七～二〇〇一年）」という二つの出来事を挙げざるをえません。戦争による家族の崩壊と経済破綻による家族の危機は、時の流れとともに少しずつ色あせながらも、今日の韓国社会のあり方にまで直接的な影響を与え続けているからです。

もちろん、一九六〇～七〇年代の貧困克服のための出稼ぎ労働や海外移住なども、韓国家族のあり方に大きな影響を与えました。民主的な労働法や社会保障制度がきわめて脆弱《ぜいじゃく》であった時代を牽引したのは、まぎれもなく家族であり、家族を単位とする労働の分担、福祉の提供、そしてその恩恵としての資源の共有と再分配でした。「財閥」という家族主義に基づく経営体制が韓国社会で確立したのもこの時代でしたし、都市労働者の家庭内における男女の役割分担が固定化され、産業化時代の新たな家父長制度が拡大していったのもこの時代のことです。

しかし、これらの変化は何も韓国だけが経験しているものではありません。産業化に伴う現代的家父長制度の強化は、財閥の存在も含めて、過去の日本、そして今日の中国社会にも一部共通する現象です。こうした経済成長に伴う家族像の変化はその後、都市化に伴う核家族の一般化、女性の社会進出に伴う男女平等意識の高まり、少子化に高齢化、晩婚・非婚化、離婚率の増加などへとつながり、戦後の政治社会情勢の違いを差し引いても、東アジア諸国の家族像に驚くほどの類似性と共通性をもたらしています。

それでも、やはり何かが違う。現代家族のあり方を示す数多くの統計資料からはけって読み取ることのできない韓国独自の家族観を「家族主義の恨」であると読み解く理由は、韓国家族が経験してきた崩壊の記憶であり、その記憶が今でもなお鮮明に、現実的な苦しみや願望へとつながっているためです。

ひるがえって見れば、日本社会も幾度となく家族共同体の崩壊という経験を重ねています。戦前の歴史をさかのぼるまでもなく、二〇一一年の東日本大震災では、多くの住民が故郷を追われ、避難生活を強《し》いられました。震災から三年以上が過ぎた二〇一四年九月の時点でも、震災による避難民の数は全国で二四万五千人に上るといいます。中でも原発事故があった福島県からの避難民は約四万七千人。彼らは、単に住んでいた地域を離れて移り住んだ人々ではなく、災害よって家族や親族を含めた地縁社会から完全に追われた人々です。

また、北朝鮮による日本人拉致問題に世界の人々が震撼《しんかん》し、憤慨したのも、そこには家族の破壊という犯罪の悪質性があるからです。拉致被害者の家族の苦しみが社会的な関心事となり、多くの日本人が心を痛めている理由も、その純粋な動機に「家族の恨」を共有しようとする気持ちがあるからではないでしょうか。

ところで、この拉致問題に関しては、韓国の人々はちょっと冷たいのではないかという、日本国内の声があります。テレビなどでは「韓国はなぜ拉致問題に消極的なのか。韓国にも五〇〇人もの拉致被害者がいるではないか」という発言も多く聞かれました。

答えは意外と単純です。韓国社会がこれまでに経験した家族の崩壊の規模が、日本とは比べ物にならないほどに大きく、また、その恨もあまりにも深すぎるからです。別に冷たいというのではありませんが、多少の規模には無感覚になってしまっているのかもしれません。

コリアン・ディアスポラ

そんな韓国家族のハンを読み解くためのキーワードは、「ディアスポラ(Diaspora)」です。ディアスポラとは、ひとつの民族が郷土を追われ、各地にバラバラに散らばっていく現象のことです。

「遠くにおいて種をまく」というギリシャ語から派生した「分散・離散」を意味する

この言葉は、もともとはパレスチナの地を追われたユダヤ人またはその居住地を指していました。しかし今日では、ユダヤ人に限らず、「国民国家という枠組みから本土を離れて暮らす民族集団またはその居住地」を意味する概念として広く用いられています。

ちなみに、このディアスポラの概念が単なる「移住や移民」と区別されるのは、そこに「追放」や「苦難」、または「望郷」といった、ユダヤ人独特の歴史にまつわるイメージが暗に反映されているためです。そのため、ディアスポラという概念を近現代の帝国主義やグローバル化に伴う移住や移民と安易に関連づけて論じることには慎重な姿勢を崩さない学者も多く、現代社会の多様な国際移動のすべてに当てはまる概念ではないことも確かです。

それでもこのディアスポラが韓国における家族主義のハンを語る上で有効だと思われる理由は、韓国人自らが「コリアン・ディアスポラ(Korean Diaspora)」という概念を積極的に活用しながら、自らのアイデンティティーやそのつながりを模索しているためです。

すでに申し上げたように、文化とは、特定の現象を捉える「解釈のあり方」だとするならば、学問的定義はどうであれ、民族の移動に伴う家族の離合集散の歴史を眺める韓国人の視座にディアスポラという概念が強く投影されていること自体、すでに共同体とその崩壊に対する恨の現われでもあると思われるのです。

さて、朝鮮半島の近代史以降に焦点を絞れば、一九世紀末に極東ロシアの沿海州への移住に始まったとされるコリアン・ディアスポラの背景には、植民地支配と戦争、そして経済的な苦難という三つの要素が関わっています。この場合の戦争とは、満州事変に始まる日本の戦争、冷戦、朝鮮戦争などがすべて含まれます。

日本では一九四五年の敗戦を境に戦前と戦後という括りで歴史が語られていますが、朝鮮半島の歴史も世界の歴史もそうではありませんでした。第二次世界大戦が終わって以後は、戦後ではなく冷戦時代の始まりだったのです。その冷戦が朝鮮半島で具体化されたのが、南北の分断統治です。

分断統治とは、米ソによる信託統治、つまり米ソ両国が植民地支配から解放された朝鮮を日本に代わって統治をすることです。日本の撤退と同時に、北緯三八度線を境に北はソ連、南はアメリカによる信託統治が行なわれることが決まり、朝鮮半島も冷戦構造の中に編入されていきました。

その後、米ソの対立が深刻化するにつれて、最初は単なる境界線であった三八度線は、ベルリンの壁以上の厳格な軍事境界線として機能するようになります。南北の往来ができなくなり、深まる政治的対立は一九四八年のそれぞれの単独政府による国家樹立宣言へとつながり、ついには朝鮮戦争の勃発を招く結果となりました。

朝鮮戦争は単に韓国と北朝鮮という二つの国の物理的な分断を固定化させただけでなく、家族も分断し、社会も思想もすべてを分断していったといえます。その後の韓国社会が、非常に鮮明な政治的対立軸の中で運営されていくのも、結局は南北の分断が大きく関わっているのです。

他方で、こうした政治的状況の変化は、それまで多くの朝鮮半島出身者が移住・居住していた中国やソ連との自由な往来も厳しく制限させたことから、祖国に帰れずに残留せざるをえない人たちが大量に発生することになります。

中国には現在、約二五〇万人のコリアンがおり、ロシアにも約四〇万人がいると言われています。こうした人たちを自発的移住か、強制的連行かという単純な二分法から見るのはあまり意味がありません。それよりも近現代の大きな政治的・経済的変動のなかで、故郷を離れて各地に散らばって行かざるを得なかった人々だと理解するのが適当だと私は考えています。

たとえば、一九〇四年の日露戦争から一九一〇年の日韓併合に至るまでの間には、多くの朝鮮の人々が主に政治的理由から満州および沿海州へと移住し、いわゆる「韓人コミュニティー」を形成するようになります。とくに多かったのは今の中国の吉林《きつりん》省《しょう》の延吉《えんきつ》市などでした。

やがて植民地時代に入ると、今度は日本への移住も増加しますが、その初期には経済的な要因のみならず、留学などの教育的理由が新たに加わります。その後、満州侵略以降の植民地政策による大量移住は、「自発的選択」と「動員」の二つの側面を併《あわ》せ持つもので、終戦を迎えた一九四五年当時、満州に住む朝鮮半島出身者は約二〇〇万人にも達していたといいます。

しかし、その後の戦時体制下では、多くの朝鮮人がサハリンや南洋諸島を含む広範囲な地域の戦場、炭鉱、工場などに強制的に動員されています。とくに一九三九年以後に出された国民徴用令などから太平洋戦争に動員された朝鮮半島出身の軍人軍属は約一〇〇万人に上り、そのうち戦地に赴《おもむ》いたのが約二四万人、そのうち約二万人が日本軍として亡くなったという事実が外務省や厚生労働省の資料に残されています。

他方で、日中戦争が勃発した一九三七年頃からソ連のスターリン政権は、極東地域の沿海州に暮らす約一七万人の朝鮮出身者を中央アジアへと強制的に移住させました。その過程において多くの人が処刑され、約一万以上が寒さと飢えで息絶えたといわれています。今日のウズベキスタンやカザフスタン、ウクライナなどに、約四〇万人の「カレイスキー（高麗人）」と呼ばれる多くの朝鮮族が居住しているのは、こうした経緯によるものです。

血は水より濃い

この「コリアン・ディアスポラ」の感覚をもう少し正確に捉えるためには、コリアンとはいったい誰を指すのかを定義しておく必要があります。

韓国では、海外に離散して居住する朝鮮半島出身の人々のことを「ドンポ（同胞）」または「キョポ（僑胞）」と呼んでいます。ここで用いられている「胞」という文字は、母親の胎盤を意味することから、同胞または僑胞とは「同じ母の胎から生まれた兄弟や姉妹」というのが本来の意味です。

この呼び名からも明らかなように、コリアンという概念には、もともと「血縁関係」という家族主義的な観点が強く反映されており、その家族的観点の延長線上にコリアンという民族の存在が位置付けられています。

事実、コリアンに、国民という概念は相対的に希薄です。実際に海外に暮らす在外同胞たちの国籍もさまざまで、数世代にわたって現地に暮らしながらも韓国籍を維持している場合もあれば、移住して間《ま》のない段階で現地の国籍を取得し、外国人としての法的地位が与えられている場合もあります。

このように、僑胞または同胞と呼ばれるコリアンの国民としての法的規定は、曖昧《あいまい》なものの、韓国外交部の統計（『在外同胞現況２０１３』）によれば、その数は約七〇〇万人を超えており、南北の人口を合わせた約七千万人の一〇％に当たる人々が海外で生活しているといいます。いわゆる「日系人」の数は世界に約三〇〇万人いると言われていますから、単純に人口の割合から比較すると、コリアン同胞は、日系人の約四倍の数にもなるのです。

地域別の分布を見ると、中国と日本、旧ソ連を合わせたアジア地域に約五五％、米国とカナダの北米地域に約三三％が居住しており、この二つの地域だけで全体の九割近くを占めています。国別で見た場合に最も多いのは中国で、全体の三七％（二五七万人）。次いで米国が約三〇％（二一〇万人）で、日本が約一三％（九〇万人）となっています。

この他にもヨーロッパや中南米、アフリカ、中東などが居住地域として挙げられますが、在外コリアンのほとんどが北東アジアおよび北米地域に集中していることは、この調査が開始された一九七一年以来の変わらぬ傾向です。

ちなみに、日本人にとっても「在外同胞」なる人々は確かに存在するはずですが、日本の場合、彼らを「日系ブラジル人」や「日系アメリカ人」などの国籍で分類し、日本人のカテゴリーからは除外される場合が多く、民族的なつながりの意味を込めた僑胞や同胞などの概念で語られることはほとんどありません。

これと関連しては、面白い経験をした記憶があります。数年前に、あるテレビ番組に出演した時のこと。討論テーマは「永住外国人の地方参政権問題」でした。同じくパネラーで参加していたある国会議員の方から、「地方参政権は日本人にのみ与えられるべきであり、日本人とは日本国籍を持つ者である」との主張がなされました。これはこれで一理ある話なのですが、その理由として「日本人以外の外国人は、その信頼性が担保できない」という件《くだり》では、私も黙っているわけにはいきません。

「その論理だと、日本人であれば信頼できるという意味ですが、では韓国籍である私が明日にでも帰化すれば、今は信頼されない私が、明日からは信頼される日本人になるという話なのか?」と詰め寄りました。その方は渋々「そういうことになる」と答えていましたが、どう聞いても不本意な返事だろうと思いました。

「法的基準としての国民」というカテゴリーからのみ日本人を語り、また信頼を語ることは、あまりにも単純なご都合主義です。そもそも国籍と人間の信頼性はまったく別問題であり、同じ日本人の中でも信頼できない人たちもいれば、外国籍の人であっても十分に信頼できる人々もいます。同じく、血縁主義に基づくコリアンを同じ民族と見なし、世界中の同胞の分布状況を熱心に把握《はあく》している韓国政府の姿勢に対しても、安易な民族主義的プロパガンダであると批判する声も少なくありません。

これは「日本人とは何か」、または「コリアンとは誰を指すのか」という、国家と国民・民族の関係を規定することはけっして容易ではなく、むしろそれぞれの恣意《しい》的な暗黙の合意によって便宜的に使い分けられる存在であることを改めて感じさせられるエピソードです。そして同じように曖昧な態度は、朝鮮半島の分断状況においても適用されています。

南北の離散家族

お父さん、お母さん、一体どこにいるのですか？

声を詰まらせながら、私は今日も叫んでいます。

こんなベタといえばベタな、そしてだからこそ切実でもある歌詞の楽曲が韓国中に吹き荒れたのは一九八三年のこと。朝鮮戦争終結から実に三〇年が過ぎた頃の話です。歌手の名前は雪雲道《ソルウンド》。当時はまったくの無名でしたが、この歌が発表されてから三〇年以上が過ぎた今では、すっかり国民的人気の大スターです。

無名の歌手が一躍スターダムにのし上がるには、時代の後押しが必要です。一九八三年の夏、まさに韓国は「離散家族の再会」という感動の渦の真っただ中にいました。戦争で生き別れた家族に会いたい。そんな人々の切実な思いをストレートに謳《うた》い上げたのが『失われた三〇年』というこの曲だったのです。

韓国でいわゆる「離散家族」というのは、主に朝鮮半島の分断によって、韓国と北朝鮮に分かれて暮らす家族のことを指します。特に南北の分断が固定化された朝鮮戦争（一九五〇〜五三年）は、それまで目と鼻の先であった地域間の人々の往来を遮断し、家族の生死すら確認できない状況を生み出しました。

朝鮮戦争といえば、日本の方々には「朝鮮特需」という戦後復興の経済的な出来事として受け止められているのかもしれませんが、この戦争は、東アジアにおける最も悲惨な戦争として世界史に記録されています。戦争の爪痕は想像を超えるもので、韓国軍の戦死者と失踪者が合わせて約三〇万人、民間においても死者・行方不明者が約六〇万人でした。これに強制連行者（拉北者）約四〇万人などを含めると、その犠牲者は二〇〇万人にも上るといいます（『北韓三〇年史』）。

もちろんこれらの数字には米国をはじめとする国連軍の死者三万五千人や、申告漏れの戦争孤児・失踪者などは含まれていません。当時の朝鮮半島の人口が南北合わせて約二千五百万人前後であったことを考えると、朝鮮戦争による伝統的大家族の破壊がどれだけ広範囲に行なわれたのかを思い知らされます。

こうした戦争と分断による離散家族は南北合わせて一千万人にも上ると言われていますが、経済も落ち着いてきた一九八〇年代になって突如、韓国の人々は自ら積極的に家族の消息を尋ね歩くようになるのです。

きっかけは、あるテレビ番組でした。

今はなくなりましたが、ネットもなかった昔の時代の日本にも「この人に会いたい」などの人探し番組があったものと記憶しています。同様の番組企画が韓国公営放送KBSで持ち上がり、一九八三年の六月三十日に『この人を知りませんか』という特別番組が夜十時から生放送されました。もともとは三時間程度の単発番組を予定していたKBSでしたが、視聴者からのあまりもの反響の大きさに、すべての正規編成を取りやめ、まる五日間の連続生放送に踏み切ります。

その後も約四カ月にわたって継続された離散家族再会番組の放映時間は延《の》べ四五四時間。最高視聴率は七八％を記録しました。番組への出演申請者数は一〇万人を超え、放送局の前にも情報を求める五万人もの人々が押し寄せたといいます。ある者はプラカードを掲げて歩き回り、ある者は地べたに陣取って行き交う人々に失った家族の消息を尋ねます。KBS前の数万坪の広場は人探しのポスターで埋め尽くされ、そこにたたずむ人々の体にもまた、頭の先からつま先まで、細かいメモ用紙がいっぱい貼られていました。

不思議だったのは、そこに写真はほとんど見当たらなかったこと。でも、それもそのはずです。朝鮮戦争によって国土は焦土化され、多くの人がすべてを失いました。世界最貧国としての出発を余儀なくされ、誰もが生活の最前線に追いやられていた状況の中で、それでも記憶を絞り出し、わずかな手掛かりでも精一杯に記したであろう思い思いの手作りのポスターに、人々は目を向けざるを得ませんでした。

番組を通じて再会を果たしたのは、一八〇家族の約五〇〇人。わずかだといえば、わずかにすぎない数字ですが、テレビの中で号泣し、激しく抱き合いながら「これで死んでも余恨はない」と泣き叫ぶ夫婦や兄弟の再会シーンに、韓国中が涙し、家族の恨を共有しました。めでたし、めでたしのハンプリの結末。現実の世界におけるハッピーエンドな結末には、想定外の重みと感激が備わっていたのです。

色あせる恨の記憶

このように、韓国における家族の離散とそれに伴う恨の情緒は、現代史における現在進行形の経験であるというところに大きな特徴があります。

「戦後七〇年」という日本にとっての節目は、韓国にとっての「分断七〇年」であり、朝鮮戦争の休戦から六二年目を迎える年です。生き別れた家族がどこかに元気でいるのかもしれない。同じ韓国の空の下で、お互い家族であることも知らずに、離れ離れになっているだけなのかもしれない。そんな家族に対する恨を抱く人々の数も、歳月の経過とともに確実に減少しつつあります。

韓国政府が南北離散家族の再会事業を北朝鮮側に初めて提案したのは一九七一年のこと。しかし、南北間の政治的な折り合いがつかず、紆余曲折を経て、結局この事業が実現したのは二〇〇五年になってからです。休戦から五〇年以上の月日が経《た》ってしまいましたが、それ以降の一八回にわたる事業を通じて再会を果たしたのは約二万人で、生死の確認が取れた人たちが約五万人いるといいます。

しかし、二〇一一年の政府の統計資料によれば、再会を申請した一三万人中の生存者は約七万人にすぎず、その半数以上が八〇歳を超える高齢者です。今でも毎年四千人のペースで申請者が亡くなっている状況では、もはや親子の再会などは期待できず、親戚などの生死確認が精いっぱいでしょう。

こうした中、朴槿恵《パククネ》政権を含む韓国の歴代政権が北朝鮮に対して繰り返し要求しているのも「南北離散家族再会事業」の実施ですが、その見返りにさまざまな制裁解除を求める北朝鮮の政治姿勢に屈することはできない、というのが今のところの韓国政府の立場でもあります。しかし、もはやこの問題で韓国内の世論が盛り上がることもすっかりなくなったというのが、率直な私の感想です。

一九八〇年代のあの『失われた三〇年』時代の記憶もむなしく、毎年の正月やお盆を迎えるころになると、各メディアは定例行事のようにこの問題を取り上げてはいるけれど、それはまるで日本のメディアの拉致問題報道と、どこか似ています。「この問題をけっして色あせさせてはいけない」と、日本の国会議員の皆さんも一生懸命に青いリボンを胸元に付けてはいます。けれども、そうしたシンボルは、いつの間《ま》にか一種の免罪符として機能し、リボンを付ける議員さんやそれを見る一般の人々の心のどこかに「今できることはやっている」という見せかけの安堵《あんど》感を与えているようにも思えます。ましてや、日本にとっての北朝鮮という国は、とうてい理解することができない、あるいはそれすら憚《はばか》られる、異質な交渉相手でしかないのかもしれません。

他方の韓国にとってはどうでしょうか。「ならず者国家」であり、核開発などの安保的挑発を続ける北朝鮮という国は、まぎれもなく韓国の敵国です。そのために韓国の若者は兵役を勤め上げているのであり、また時には命を落とすなどの多大な犠牲も払っています。しかし、同時に北朝鮮に住む人々は、同じ民族でもある。

北朝鮮をめぐる「国か、民族か」の議論は、そのまま韓国政治の対立軸へとつながっています。極端な意味での偏《かたよ》りは排除した上で区別するなら、民族主義系は左派、国家主義系は右派、というような分け方が便宜的かもしれません。どちらも他方の論理を排除するのではなく、ある程度は抱え込むしかないところに韓国政治の外交姿勢をめぐるジレンマがあります。

その詳細は第四章で述べるとして、離散家族のハンとの関連で押さえておきたいのは、分断から七〇年が過ぎ、お互いの交流も保たれ続けている現状では、その民族主義的観点すらも否応《いやおう》がなしにイデオロギー化してしまっている現状です。

韓国のことわざに、「歳月にかなう力士なし」というのがあります。いくら強い力士でも、流れる歳月の前では無力だということのたとえです。家族の理不尽な離散に対する怨恨や、生き別れた家族を思う情恨、さらには再会を切に願う願恨の思いは、時の流れとともに次第に色あせてきていることは、否定しようのない現実でもあるのです。

それでも恨は細部に宿る

実は、何を隠そう、かくいう私も広い意味での離散家族です。私の父が北朝鮮の出身なのです。これは私の世代では別にめずらしい話ではありません。私の祖父も曽祖父も平壌《ピョンヤン》に住んでいた関係で、父も平壌で生まれ育ちました。しかし、官僚だった祖父が転勤になり、父が小学生だったころに家族でソウルに引っ越して暮らしていました。ところが、まもなくして朝鮮戦争が勃発し、故郷の平壌に戻ることはできなくなったわけです。

ですから父方の一族はみな北にいるはずで、南にいるのは祖父母と父の弟妹ら直系の家族ぐらいです。幸い父方は八人兄弟の大家族でしたので、別に親戚が少ないと感じたことはないのですが、ソウル出身でいつも親戚同士がよく集まっていた母方に比べると、やはりどこかひっそりとした雰囲気はあったと思います。

父は生きていれば八〇歳ぐらいの年代ですが、平壌の出身だったので、北朝鮮のなまりがありました。私が子どもの頃、母親の友だちが家に遊びに来て父にあいさつした後、「まあ、北朝鮮の方言がすごくお強いですね」と感想を漏らしたのをおぼえています。また、父の口に合うようにと、うちの食卓には北朝鮮風の、唐辛子がまったく入らない白いキムチがよく出されていました。

では、私にも離散家族としてのハンがあるのかと聞かれれば、個人的にそのようなものを意識したことはまったくない、と答えるしかありません。

母からは、たまに祖父の兄弟の話や曾祖父の話など、いわゆる家柄にまつわる話を聞くこともあったのですが、父は自ら何かを語る人ではなかったので、おそらくは、おばあちゃんや叔母さんたちから伝え聞いたにちがいないそれらの内輪話を、私はいつも話半分で聞き流していました。祖母や母にしたって直接見聞きしたわけでもないのだし、叔母さんたちだって幼かったはずだし、確認のしようもない四方山《よもやま》話だとしか思えなかったからです。

今にして思えば、母が伝えたかったのは時系列的な家族のつながりであり、一族としての絆であり、一種のアイデンティティーやプライドでもあったのでしょう。もはや先代の話などにはまったく何の興味も示さない、すっかりグローバルに育ってしまったティーンエージャーの甥《おい》っ子や姪《めい》っ子たちの姿を見る度に、若き日の母の気持ちが少しは理解できるような気がするのは、私もそれだけ年を取ったからなのかもしれません。

それにしても改めて感じさせられるのは、戦争による家族の崩壊がもたらす恨のありようは実にさまざまで、繊細だということです。テレビの画面で伝えられるようなドラマチックな感情の噴出だけで、韓国人や韓国社会の恨を語ることはできません。

家族の構成という共時的なつながりだけでなく、その家族を維持・存続させることで、自分を継承し、伝統を継承するという通時的なつながりとしてのハンをも崩壊させた戦争の傷痕は、いつの間《ま》にか私を含めた韓国人の心の片隅に、どこか物悲しい「情恨」として無意識のうちに宿り、その再生に向けたこだわりの心へと誘《いざな》っているのかもしれません。

新たな危機と新天地を求める人々

これまで韓国の近現代史におけるコリアン・ディアスポラの現象を通じて、韓国の人たちが家族や民族に対する強いこだわりとしての恨を持ち続けている情況を見てきました。しかし、そうは言うものの、韓国家族のあり方がずいぶんと様変わりしているのも見逃せない現実です。

たとえば、二〇一三年の合計特殊出生率は一・一九で、日本の一・四三を大きく下回っています。また、離婚率も急増しており、二〇一四年の国連統計によると、人口一千人当たりの離婚件数は日本が一・九件なのに対し、韓国は二・三件。調査対象七一カ国のうちの第一七位を占めています（ちなみに日本は第三六位）。

これらの数字だけでも、もはや「孝」や「貞」などの儒教的価値観に基づいて今の韓国家族を語ることがいかに古臭い視点であるのかは一目瞭然なのですが、それでも今日の韓国社会で理想の父親像や父性愛などが注目され、一種の現代的家父長制度の復活が模索されているような風潮の背景には、「経済共同体としての家族」の存在があります。

少子化が日本以上の勢いで進行し、離婚がタブー視されてきた韓国で吾先にという勢いで離婚が急増するなどの家族の激変は、大きな流れで見れば一九九七年の通貨危機以後に起きた変化です。「金の切れ目が縁の切れ目」という日本のことわざもありますが、経済危機によって家族のあり方も大きく揺らいでいるのです。

周知のように、一九六〇~七〇年代の韓国は、その貧しさからの脱却を目指して、「漢江《ハンガン》の奇跡」と呼ばれる高度経済成長を成し遂げました。

当時の韓国社会のスローガンは「チャルサラボセ」です。この言葉を「金持ちになろう」と訳す向きがありますが、直訳すると「うまく生きよう」です。その言葉に込められた思いは、豊かな国になりたいというあこがれとしての願恨であると同時に、現実の悲惨なまでの貧しさからの脱却を目指した怨恨の念でもあったといえます。

ディアスポラとの関連でも、一九七〇年代には大量の韓国人がアメリカに移住しました。貧しい韓国を脱出し、経済移民としてアメリカという新天地に夢を求めた人たちです。こうしたアメリカへのディアスポラ現象を歴史的に振り返ると、そこには朝鮮戦争やベトナム戦争などの政治的要因も大きく関わっていたのですが、それでも中国やロシア、日本などの近隣国居住者との比較においては、やはり相対的に経済・文化的な要因が大きく作用しているのは明らかです。そして、その結果、現在のアメリカには約二一〇万人もの韓国人が住み、強大なコリアンコミュニティを形成しているのです。

しかし近年のアメリカ居住のコリアンの様相は、過去のような経済移民や移住という一つのカテゴリーでは語れない多様性を持っています。冷戦終了後からの世界のグローバル化という新たな変化と韓国の通貨危機という国内の変化は、自由主義という名の競争社会の到来と格差の拡大、さらには二極化する社会的対立の高まりなどをもたらしています。

こうした危機に戸惑《とまど》いながらも、さらなる新天地を追い求め続ける韓国人の社会心理には、また新たな恨の仕組みが作動しています。それは単にアメリカに象徴される異国へのあこがれではなく、韓国内部において見出されるべき新天地の姿とは何かを問いかける恨の心理でもあると思われるのです。

第四章　帝国への恨

韓国と中国の間

日本のニュースでも、朴槿恵《パククネ》政権になってから韓国と中国が急接近しつつあると報道されています。そう報じられる背景には、やはり中国の浮上という東アジアの構造変化が強く意識されているためでしょう。しかし、冷戦以降の日中関係に比べると、韓国と中国の関係は、実にそっけないほど疎遠な関係が続いていました。

そんな韓国が中国と国交を結んだのは一九九二年のことで、一九七二年の日中国交回復から遅れること二〇年。しかも、それ以後も韓国が中国との関係を積極的に深めることはありませんでした。というのも、南北の分断状況が冷戦後も続いていたため、韓国外交の基本路線は日米韓の安全保障の枠組みを基本としていたからです。

個人的には、韓中関係より日中関係のほうがはるかに強固であるという考えには変わりないのですが、いずれにせよそんな韓国にも外交政策の転換を図る時期が訪れます。

冷戦終結直後の金泳三《キムヨンサム》政権に次いで、一九九八年に発足した金大中《キムデジュン》政権では、新たに「太陽政策」を打ち出しました。太陽政策とは、それまで敵対視していた北朝鮮との関係を、新たに対話と協力のパートナーとして位置づけることで、朝鮮半島の平和と安定を模索する外交方針のことです。その後、北朝鮮との関係は徐々に変化してきましたが、中国との関係は依然として冷ややかなままで、安全保障レベルで本格的に関係改善あるいは関係強化を模索するという動きは見られなかったのです。

しかし時は流れ、北朝鮮による核開発など安保情勢が変化する中で、中国の北朝鮮に対する影響力が拡大していったばかりでなく、韓国と中国との経済的な関係も深まっていきました。こうした中国の国力の変化は、韓国の外交方針にも影響を与え、韓中関係をより重視せざるをえない方向へと導いていきます。これは韓国のみならず、世界的なトレンドでもあり、アメリカを含む世界中の国々が中国と接近し、あるいは新しい関係を模索している現状とも一致する動きであると言えます。

さて、そんなある日のこと。大阪のあるテレビ局の番組に出演した時、出演者のひとりから、私は次のような質問を受けることになります。

「あなたたち韓国人は、事大主義に基づいて中国に長い間、属国扱いされてきた。その中国に対し、反発もせずに歩み寄っている。それが新しい事大主義なのかどうかは知らないが、なぜ中国に対しては反中にならず、日本に対してだけ反日を叫ぶのか？」

反日論者の無茶ブリ！　というのが私の最初の感想でしたが、なぜかその質問は記憶に残り、後でよくよく考えてみると、「なるほど、そんな切り口もあるのか」と思うようになったのです。

確かに、韓国において中国に対する反中の動きはほとんど見られません。中国の台頭というのは、いわばアジアという舞台に新しい強大なプレイヤーが登場したことを意味します。日米韓の枠組みに新たに中国が加わるという構図は、韓国にとって非常に悩ましい葛藤を孕《はら》むと同時に、経済面でも安全保障面でも、多くの可能性を含んだチャンスでもあると受け止められているのが実情です。

問題は、韓国人である私と質問した日本人との間に、事大主義に対する捉《とら》え方の違いにあります。そして、その捉え方の違いを生み出しているのが、事大主義と帝国主義をめぐる恨の有無なのです。

事大主義とは何か

日本ではここ数年、一部のメディアなどを通じて事大主義は主体性のない弱者が強者に媚《こ》びるといった負のイメージで、理解されたり議論されたりするのですが、「事大」という言葉の出典は、代表的な儒学者のひとりである孟子《もうし》の著作『梁恵王篇《りょうけいおうへん》』です。この著作に、次のような件《くだり》が出てきます。

「仁とは大きいものが小さいものを慈《いつく》しむことであり、智とは小さいものが大きいものに事《つか》えることである。大きいものが小さいものを慈しむことは天を楽《よろこ》ばすことであり、小さいものが大きいものに事えるのは天を畏《おそ》れることである。」

「事」というのは仕える、あるいは奉《たてまつ》るという意味で、儒教的な考え方において事大とは仁であり、智であると孟子は述べています。ちなみに、智とは賢明であることと、知恵に長《た》けていることを意味します。

このように、事大主義というのは韓国や朝鮮に見られる思想ではなくて、そもそも儒教の中核的な思想であり、中国を中心とした東アジアの秩序に対する中国の認識を表わした言葉なのです。

また、事大という言葉は単独で成立するのではなく、常に「慈小」つまり小さい国をどう扱うかという問題と表裏の関係にあります。儒教では陰陽の調和を重視していますが、強大国である中華と小さい中華、つまり周辺の弱小国との関係においても陰陽の調和を目指すのが事大主義の統治理念であり、現実政治や外交関係の中で大と小の調和、仁と智の調和をどのように実現していくかに対する戦略的思想でもあったのです。

こうした儒教の事大主義は、中国と朝鮮半島との関係にも適用され、またその秩序が定着していきました。日本では事大主義に対して批判的な見方が多いのですが、ここでは事大主義が儒教的な政治思想であり、中国にルーツを持つことを押さえておきたいと思います。

その中国は中華として唯一絶対で、揺るぎない存在として自らを認識していました。その意味で、事大主義は強大国と弱小国の関係を相対的に規定するものではなくて、完全に絶対的な存在としての中国とそれ以外の国々との関係を規定するものです。現在の国家（ネーション）とはずいぶん概念は違いますが、これが中国王朝と中国以外の国々や部族との関係において、常に適用されていた東アジアにおけるルールでした。

その事大主義の具体的なシステムが、「封朝制度《ほうちようせいど》」です。

この制度は、事大主義の鉄則でもある冊封と朝貢のふたつの儀礼から成ります。冊封というのは、中国がその他の国々の王を認めるということであり、その見返りに、周辺国は中国に朝貢する、つまり貢物をすることです。そして、この儀礼システムを周辺国の中でも最も忠実に受け入れたのが中世以降の朝鮮半島でした。とくに一四世紀末に高麗から新たに朝鮮王朝が発足し、仏教の代わりに儒教を国教に定める過程で、事大主義は明確に意識され、外交政策あるいは外交戦略の基本となっていきます。

朝鮮の憲法に当たる法典に「経国大典《けいこくたいてん》」があります。この大典において打ち出されている外交戦略が「事大交隣《じだいこうりん》」です。この戦略は、大きな国を奉《たてまつ》るという縦軸と、隣りの国々と交流を図るという横軸から成ります。縦軸における大国とはもちろん中国です。横軸の隣国とは日本や女真族《じょしんぞく》などを指します。

こうした隣国とは、対等な立場で交流を図るというのが基本です。朝鮮から日本に送られた朝鮮通信使について「日本に朝貢しにきた」と言う日本人もいますが、それは勝手な言い分に過ぎず、朝鮮の対日外交政策はあくまで交隣であり、対等な立場で隣国と交流を図ることでした。

ただし、事大主義からすれば、日本は辺境国になります。だから、朝鮮は中華に対する小華であるけれども、日本は大陸から離れた島国であり、事大主義の枠内にも入らない蛮人《ばんじん》であるという意識も持ち合わせていました。これが、朝鮮王朝時代に日本を「倭国《わ》」として蔑《さげす》む差別意識へとつながっていたのも事実で、その後の日韓併合をさらに屈辱的な出来事として捉えた背景でもあります。

韓国人は事大主義をどう見るか

では、韓国の人たちは、自らの事大主義をどう見ているのでしょうか。

歴史資料として注目されるのは、一九世紀の朝鮮と中国との外交関係を記録した『小華外史』というのがあります。主に明《みん》との関係を中心に記録しているこの資料には、「尊周攘夷」の中世文化を擁護しながら、明との外交関係は中華と小中華の関係設定に基づく共同利益の追求のために機能していたことを強調しています。

また、現代の韓国では、元大統領の金大中が一九八四年に刊行した『獄中書信』という著作に、事大主義に対する次のような見解が見られます。

「我々民族は、形式的には事大をしたものの、内部的には、とくに国民や大衆は自己の主体性を強固に維持してきました。中国文明のはるかな優越性の影響の下でも、文化全般において明確に自分たちの特色というものを保持してきました。衣服、食べ物、言語、住居など全体の生活において明確な特色を維持し、経済の面では世界的にも有名な華僑の浸透と支配を完全に封鎖することができたわけです。東南アジア各国が今でもその経済圏を華僑の手に委《ゆだ》ねている現実を見れば、我々は我々の先祖に感謝せざるをえません」

つまり、金大中氏は事大主義を韓国が主体性を維持するための戦略であったと捉えています。事大主義があったからこそ、自分たち独自の文化を守り、その一方で経済も発展させることができたと考えたのです。

次に、現代グループが運営する民間のシンクタンク「峨山《アサン》政策研究院」の院長である咸在鳳《ハムジェボン》は、「中国と最後まで対等に戦おうとして滅びた高句麗や渤海《ぼっかい》より、たとえ卑屈に見えたとしても、新たな強大国であった明を攻撃するのは無謀であると考えた李成桂《イソンゲ》の判断が、我々の民族の生存を可能にした知恵である」と指摘しています。さらに、ソンジュンホは歴史学者で、思想家でもありますが、朝鮮の滅亡に関連して次のように述べています。

「朝鮮が滅亡したことについて儒教と両班はその非難を免れることはできないが、

事大主義はまったく意味が異なる。知識人たちは何も知らずに事大をまるで悪いことでもあったかのように解釈をするが、事大とは国境や民族を超えた原理原則であった。儒教の理念のなかには、国家や民族という概念は非常に希薄である。言い換えるならば、聖賢の道に国境はないとして、この聖賢の道がおよぶ範囲をひとつの文化圏と見なして治めていた時代の政治戦略である」

このように何人かの言葉を借りるならば、事大主義は帝国主義という新しい秩序が打ち立てられるなかで否定され、蔑まれ、民族性云々というところまで歪曲《わいきょく》されていったけれども、本来の意味は孟子《もうし》が説いたように、中国の周辺国が主体性を確立するための知恵であり、存立の手段でもあったとの見方が多いことがわかります。

もちろん、事大主義的価値観に対する痛烈な自己批判は後を絶ちません。特に近代化の過程において、事大主義的秩序に埋没していた朝鮮王朝の対応が、結局は国を亡ぼし、自主独立の機会を見失った原因であるとの痛恨の思いは、今でも支配的な見方です。しかし、その痛恨が向けられるのはあくまでも当時の朝鮮王朝であり、事大主義の主体者であり続けた中華ではありませんでした。

それは、事大主義という思想自体が、ハンというひとつの共同体の破壊を前提とする秩序ではなかったためでもあります。つまり、事大主義はいわば棲《す》み分けの戦略であり、秩序でもあったのです。

朝鮮が現実に直面した外交における悩みの種は、むしろ朝鮮半島の北に位置する遼東半島の異民族でした。事大主義の秩序によって中国との関係は安定的に維持する一方で、女真族とは一四世紀頃から摩擦を繰《く》り返し、一六世紀末に衝突が本格化していきました。また、倭の海賊と呼ばれた日本からの侵入にも頭を悩ませ、一六世紀には天下を統一した豊臣秀吉《とよとみひでよし》の号令によって日本から軍勢が海を渡って攻め入った「壬辰《じんしん》倭乱（文禄・慶長の役）」は、一時期は朝鮮半島を焦土化するほどの勢いだったといいます。

事大主義の負の側面

では、事大主義が朝鮮半島の人々にとっていいことずくめだったかというと、もちろんそうではありません。中世にまで遡《さかのぼ》れば、中国との関係もまったく異なります。一四世紀の元《げん》つまりモンゴル軍は泣く子も黙る残虐性を備えており、高麗は度重なる元の侵略により、首都も奪われています。金浦《キンポ》空港の近くにある江華島《カンファド》には、当時作られた「八万大蔵経」という国宝三二号があります。これは元の侵略に対し、撃退を祈願して八万枚もの木板に経典を掘ったもので、高麗時代には当然、中国に対する恨があったことがうかがわれます。

他方で、朝鮮時代には文化事大主義とでも言うべき悪しき風潮が広くはびこっていたのも確かです。李氏朝鮮の第四代国王である世宗《セジョン》が一五世紀にハングルを制定しましたが、その普及を遅延させてしまう要因のひとつとして、中国文化への事大主義があったことが指摘されています。

これと関連して、NHKで放映されて人気を呼んだ韓流テレビ番組に「イサン」という歴史ドラマがあります。イサンというのは、一八世紀に李氏朝鮮の第二十二代国王となった正祖《チョンジョ》の本名、つまり子どもの頃の名前です。正祖は幼くして祖父に父親を殺されるなど、彼自身が恨に満ちた人生を生きたため、たびたび歴史ドラマの主人公に登場しますが、その業績から今でも尊敬を集める数少ない王のひとりです。その正祖の語録が歴史書として残されているのですが、その中に次のような記述があります。

「我々の朝廷の礼楽は本来、中国の制度であって、その枠組みをあえて変える必要はない。しかしながら、今の人々はほとんどその中身に努力を注がず、その華麗なる姿だけを狂騒的に崇拝し、たとえば詩体や筆画について無理やり中国人の真似をするとか、あるいは文房具や服飾などに至るまで国のなかで生産された国産品を使うことを恥ずかしいと感じている。こういった官僚の風潮は朝鮮の文化を病ませ、王の政治を濁す悪弊にしかならない」

日本にも西洋かぶれとかアメリカかぶれと言われる輩《やから》がいるように、どこの国にも外国かぶれがいます。朝鮮王朝時代、いわゆる支配層であるエリート官僚のなかにも中国かぶれが目立ったようで、イサンはその風潮について嘆《なげ》かわしいと言っているのです。

それぞれの帝国主義

古代からのアジアの国際秩序を担っていた事大主義は、近代に押し寄せた新たな政治思想である帝国主義によって、強い批判にさらされました。

帝国主義をどう定義するかは、ひじょうに複雑で難しい問題ですが、一言で言えば、領土と利権の拡張に基づく秩序を肯定する考え方です。そしてその秩序は、文明的優劣論に基づく支配と被支配の関係によって成り立つ理念でもあります。

一九世紀の終わりから二〇世紀の初めにかけて、こうした帝国主義の秩序がアジアを支配し始めました。世界史的には一八七〇年から一九一四年頃、第一次世界大戦の始まる前までが帝国主義の時代と言ってよいと思います。イギリスやフランス、ドイツなどヨーロッパの列強に日本も加え、自国の植民地を増やしていきました。

中華の冊封朝制度のように自分たちは世界の中心として動かず、周辺の国々に朝貢させるという考えとは違って、積極的に他国を武力で攻めて領土と利権を奪っていったのです。その結果、支配と従属がより直接的な形で現われました。

ただ、帝国主義だからといって、どの国も同じような支配と従属のやり方を採っていたわけではありません。

帝国主義の一番走者とも言えるイギリスの場合、植民地の自治を中心に帝国を拡大していったという特徴があります。それは、中国の朝貢とは似て非なるものでした。オーストラリアやニュージーランド、あるいはインドにしても、他民族を文化まで含めて大英帝国に完全に同化させることはできないという現実的な認識から、より戦略的な協力関係を構築していったと言えます。政治や経済には積極的に関与しましたが、言語とか風習といった文化的な部分については積極的に関与しませんでした。

その意味で、イギリス式の植民統治は、基本的には自治を根幹にしていたと言えると思います。

他方で、イギリスとは違って、同化主義の方針で植民地支配を展開した国もありました。フランスの場合、インドシナ半島や北アフリカを支配する際に、同化主義を基本にしたといえます。同化主義とは、一種の包容政策でもあったといえますが、フランスの植民地同化政策は「万人は平等であり、人間は生まれながらの条件ではなく、教育と環境に左右される」というフランス革命以後の平等主義が理念としてあったといえます。しかしながら、こうした理念が東南アジアや北アフリカの人たちに対してどこまで適用されていったのかは定かではありません。事実、北アフリカ諸国やアルジェリなどでは、フランスの同化政策の欺瞞《ぎまん》性を訴える激しい抵抗運動に何度も見舞われています。

日本の植民地支配の方式は多少複雑です。

日本はヨーロッパ諸国の植民地支配をモデルにしており、イギリス、フランスの両方を見ていました。ヨーロッパ式の植民地支配戦略の導入は、「脱亜入欧」の旗印の下に掲げられましたが、模範となるはずの欧米の列強は戦う相手であり、競争する相手であって、日本はその一員ではありません。また、植民地化したアジア諸国が、イギリスやフランスにとってのアジアほどに他者なのかというと、そうではない現実もありました。

日本の植民地支配と恨

こうした事情から、日本は自らの価値観をアジア的なものに拡大していく必要があったと思われます。そのために採られた政策が「大東亜共栄圏」と「皇国臣民思想」を旗印にした同化政策でした。

つまり、脱亜入欧の理念の下でアジア諸国を他者化しながら、その一方で、もう一つの他者である西欧の列強にアジア諸国を取り込んで立ち向かい、競争するという戦略です。こうした帝国主義展開における日本の特殊性が、植民地支配においてもやはり特殊性を孕《はら》んだのではないか。

もう少し丁寧《ていねい》に見ていくと、日本の朝鮮半島に対する植民地政策は時代によって少しずつ変化していることがわかります。大きく三つの段階に分けて考える見方が一般的なので、この分類を見てみましょう。

第一期は一九一〇年から一九一九年頃で、憲兵政治時代と呼ばれています。どちらかというと、武力による一方的な利権の確保であり、弾圧を伴った強権的な支配の時代です。ところが、こうした弾圧に対し、朝鮮では一九一九年に三・一運動が起こります。三・一運動とは、朝鮮半島全域で展開された反日独立運動で、約三カ月にわたる鎮圧過程での死者は七千五百人以上、拘留者の数も五万人規模に達しました。その結果、いわゆる一般民衆の感情を無視した弾圧統治では効率的な植民地支配を行なうことができないと判断した日本政府は政策を転換させます。

そこから始まった第二期は一九二〇年代で、文化統治時代とも言われています。この時代は積極的に同化政策を展開し、朝鮮語や朝鮮式の名前、教育などを日本式に変えていきました。しかしこれは、朝鮮からすれば、民族の思想や文化の抹殺《まっさつ》に他なりません。単なる物理的な略奪から思想的な略奪へと日本の植民地政策がシフトしたと受け取られていきます。

第三期は一九三〇年以後の時期です。日本が日中戦争から太平洋戦争へと突入するのに伴い、皇国臣民思想が強調され、最後は植民地の若者たちも強制的に徴兵・徴用され、兵隊として戦場に送られる事態に至ります。

以上を駆け足で見てきましたが、概観しただけでも帝国主義に基づく日本の植民地支配は、事大主義と違って、恨を持つ要素が非常に多くあることがわかります。

中でも、朝鮮という国の自主・独立性とアイデンティティーが強制的に奪われたことへの恨。そして、「大東亜共栄圏」や「内鮮一体」という同化政策が日本中心の建前論であり、欺瞞であったことに対する恨があげられます。

これらは共に、完全なる結合体・共同体としてのハンを破壊するものであり、その自主性の侵害という意味では、従来の事大主義的秩序とは比較にならら何ほどの影響力を行使したのです。

その結果、東アジアの秩序が破壊されたわけで、その破壊に対する恨というものがあると私は考えています。

植民地支配以後、今に至るまで、韓国の対日認識には、破壊された秩序を元に戻そう、あるべき姿に戻そうという意識がどこかで作用していると思うのです。

日韓基本条約と歴史認識問題

韓国と日本の関係で、もうひとつ触れておきたいのが、一九六五年に締結された日韓基本条約についてです。今年はちょうどこの条約が結ばれて五〇年を迎える節目の年でもありますが、日韓関係は領土や歴史認識問題などで激しい対立を続けたまま、国交正常化以来最悪の関係にあると言われているのもご承知の通りです。

そんな日韓関係を規定したのが日韓基本条約であるといえますが、この条約では、大きな争点がふたつありました。

ひとつは、一九一〇年に結ばれた日韓併合条約をどう見るか、です。これについて、韓国は強圧によって結ばれたもので、そもそも不法であり、国際条約と見なすことはできない。従って無効であると主張しました。一方、日本は国際法に則《のっと》った合法的な条約であり、無効ではないと反論したのです。

両国の主張が平行線をたどるなかで結局、折り合いを付けたのが、有名な「もはや無効である―Already No Invalid」という文言です。

日韓併合条約は「無効である―No Invalid」というのが、韓国が提案した最初の案だったのですが、これに対し日本から提案があり、最終的にAlreadyを入れたのです。

このAlreadyについて、日本では「もはや」と訳しました。そうすると「締結した当時は有効だったけれども今は無効である」と解釈できるため、当初の有効性が維持できることになるのです。

一方、韓国では「既に無効である」と訳しました。このように訳すと条約締結の時点で無効であったか否かがぼやかされて特定できないことになります。つまり、「解釈の美学」と揶揄《やゆ》される官僚の作文によって、両国の折り合いを付けた玉虫色の決着だったわけです。

いずれにせよ、秩序を元に戻したいという韓国の意識がいかに強かったかを示す、ひとつの証拠になると思います。

もうひとつの争点が、経済協力及び請求権条約についてでした。この条約で、日本は物資や技術協力など一〇年間で八億ドル分を韓国に供与するわけですが、韓国は請求権に基づくもので妥当であるとしました。

これに対し、日本は経済協力金であって、請求に応じる必要はないと主張しています。請求権というのならば、韓国も日本が朝鮮半島に残してきた資産の請求に応じるべきだというのです。

こうした日本側の立場は植民地授恵論に基づいており、日本が植民地にすることで、文明的に遅れている朝鮮に文明の恩恵を与えたのだという考え方です。もちろん、植民地授恵論を真っ向から否定できないのは、当時の韓国が貧しかったからです。一九七二年に逆転しますが、それ以前は北朝鮮のほうが韓国よりはるかに経済的な発展を遂《と》げていました。というのも、北朝鮮は鉱物資源が豊富なこともあり、植民地時代にも日本は北朝鮮を中心に鉄道や工場などのインフラを建設していたからです。

この植民地授恵論に立てば、日本が一方的に金銭を供与する理由はない、請求権と言うならお互い様ではないかというのが日本の理屈でした。

この争点をめぐっては、その後一五年間にわたって揉《も》めに揉めることになりましたが、そのきっかけとなったのが久保田《くぼた》発言です。日本の外務省の公使だった久保田貫《かん》一郎《いちろう》が一九五三年に、植民地授恵論を主張したのです。この久保田発言によって、交渉は三年間もストップしたままになりました。

韓国では有名な事件ですが、日本ではほとんどの人が知らないのではないでしょうか。植民地授恵論はそもそもお金には換算できない価値をお金で計算するものですから、恨の解消に役立つどころか、恨を凝り固まらせる結果になりました。

日韓基本条約は一九六五年に結ばれましたが、交渉がスタートしたのが一九五三年ですから、一二年間もかかっているわけです。それだけ両国の認識の隔たりが大きかったわけです。

民主化闘争とアメリカ帝国主義

これまで日本の帝国主義と植民地支配について述べてきましたが、次にもうひとつの帝国主義、つまりアメリカの帝国主義について分析してみたいと思います。

私は、韓国のいわゆる「386世代」に属しています。3＝三〇歳代で、8＝一九八〇年代に大学に通い、6＝一九六〇年代に生まれた人たちという意味ですが、386世代も今や四〇歳代になったので、「486世代」というのが正確です。

私たちの世代がなぜひとつの括《くく》りで語られるのかと言うと、ちょうど韓国の民主化闘争が盛り上がった頃、大学生として学生運動の先鋒に立っていたからです。韓国が民主化されたのが一九八七年ですから、私が大学二年、ちょうど二〇歳の時です。

私はソウルにある女子大学の社会学科で学びましたが、女子大でも社会学科は学生運動がそうとう激しい学科で、韓国社会に民主化の大きなうねりが起こる渦中で、学生時代を過ごしたのです。

今でもはっきりと覚えていますが当時、学生運動をやっていた人たちが敵と見なしていた悪玉がふたつありました。ひとつは韓国の軍部政権であり、もうひとつが米《べい》帝《てい》、アメリカ帝国主義です。

民主主義の代名詞ともいわれるアメリカが、なぜ韓国の民主化過程において敵対視されたのかを見るには、韓国と米国との独自の関係性を見ていく必要があります。

米国と朝鮮は修好通商条約を結んだのは一八八二年のことですが、米国が朝鮮半島に本格的な関わりを持つようになったのは第二次世界大戦後、すなわち日本でいう戦後のことです。

朝鮮は一九四五年に植民地から解放されましたが、第二次世界大戦が終わる直前の八月十日の深夜に、米国からソ連に対する秘密裏の提案が行なわれました、その内容とは、朝鮮半島を北緯三八度線を境に米ソの占領地として分割統治するというものでした。これはあくまでも朝鮮半島が安定を取り戻し、独立国家として再出発を遂げるまでの暫定的措置として始まったものでしたが、冷戦の先鋭化とともに、朝鮮半島の分断は固定化され、北と南は互いに対立する政治イデオロギーの中で敵対的な緊張を高めるようになっていきます。

そして、この分断を決定的にしたのが朝鮮戦争でした。

一九五〇年に勃発した朝鮮戦争にはアメリカと中国も参戦し、ソ連も武器の供与を通じて加担したため、事実上は米ソの対決に端を発する冷戦の代理戦争のような様相を呈していました。

三年に及ぶ激しい戦闘は、国土を根こそぎ破壊し、その犠牲者が二〇〇万人を超えたことについては、第三章で述べた通りです。最初は北朝鮮軍が快進撃をして釜山《プサン》まで侵攻しましたが、アメリカ軍の梃入《てこい》れによって韓国軍は一時、三八度線より北まで押し返しました。しかしまた、朝鮮義勇軍という名で一〇万人規模の中国軍が押し寄せ、再びその猛攻で押し戻されてという状況が繰り返されました。

悲惨な戦争に輪をかけたのが、米ソの対立という冷戦の構図によって起きた戦争でありながら、朝鮮の一般の人々は資本主義や社会主義・共産主義などのイデオロギーとは何の関係もなかったことです。

朝鮮戦争の理不尽さを描いた小説に朴婉緒《パクワンソ》の『あの多かったシンア（オオヤマソバ）は誰が食べたのか』という作品があります。戦時下の市民の日常を描きながら戦争の理不尽さを告発した社会性の強い小説です。

ある朝、北朝鮮軍の兵士が家にやってきて「飯を作れ」というので朝食を作って食べさせると、その夜、今度は韓国軍の兵士が家にやってきて「北朝鮮の兵士に食事を与えたおまえはアカだ」と言って殺される。実際の戦争でも、このような理不尽すぎる混乱のなかで無実の人たちが殺され、家族が破壊され、その心がすさんで行く過程を緻密でありながらも鋭い文章で綴《つづ》っています。

あの戦争がなければ、南北に分かれた民族がこれほど対立し、戦後七〇年が過ぎた今でも憎み合うことはなかった。そんな認識が世界で唯一の分断国家である韓国側の恨としての言い分ですが、韓国にとって近代史のなかでもっとも大きな恨は日本の植民地支配だけでなく、ひとつであった民族を分断し、朝鮮戦争までをもたらした主体者としての北朝鮮であり、主導的な役割を担った米国であったことは明らかです。こうした認識は韓国内部の反米主義へとつながり、その時代の学生たちもまた、民族分断の元凶としてのアメリカを敵と見なしたのです。

しかし、なぜ恨の対象がソ連や中国ではなくて、米国なのか？

その背景には、朝鮮戦争以降も韓国社会のあり方に深く関わり続けた米国が韓国社会のあり方に大きな影響力を行使し続けたことにあります。

米国と韓国の間

膠着《こうちゃく》状態の中で一九五三年の七月に結ばれた休戦協定は、同年十月の「韓米相互防衛条約」を必然的なものとし、韓国の安全保障体制は、米国の傘下に入ることになります。同時に米国は韓国に対する大規模な援助を開始し、その規模は一九七六年までの間で総額一二五億ドルに上りました。内訳は、軍事援助が六八億ドル、経済援助が五七億ドルで、そのほとんどは現金での支給だったといわれています。

日本としては、日韓基本条約によって約六～八億ドルの経済援助が韓国に対して行なわれたとの意識が先行していますが、その内容は約半分が一〇年にわたる技術や物資援助によるものでした。韓国側に、日本からの援助で経済発展を成し遂げたという認識が希薄なのは、日本からの援助をはるかに上回る規模のアメリカからの援助があったからです。そのために韓国はベトナム戦争にも約二〇万人規模の軍隊を派遣するなど、血を流す自分が支払った記憶が鮮明にあるのです。

いずれにせよ、こうした米国からの援助は他方で、米韓関係を一方的な関係へと導き、保護者としての米国と被保護者としての韓国という構図を固定化させていきます。さらに、一九六〇年代の軍事クーデターによる朴正熙《パクジョンヒ》政権や一九七〇年代末の再びの軍事クーデターであった全斗煥《チョントウファン》政権の容認は、軍事独裁政権の存続と民主主義の遅延の背景に米国が関わり続けているとの認識をもたらす結果となった側面も否定できません。

しかし、それは米国のせいじゃなくて、韓国のせいではないか？　との疑問の声が聞こえてきそうですが、原爆を落とされ敗戦に追い込まれた日本においても一九六〇年代までの安保闘争と言われた時代がありました。自分の責任は責任としながらも、圧倒的な覇権《はけん》国家であるアメリカとの関わりを持つ、国際社会のあらゆる国と地域、時代において、程度の差こそあれ、反米主義が存在し続けていることも紛れもない事実です。

そんな韓国で、反米主義が社会で表面化したのは一九八〇年代になってからのことでした。一九八〇年代の後半にさしかかると、韓国の経済成長も顕著になり、政治的民主化やそれに伴う自主的国防力の増大に自信をつけた若者世代を中心に、新たな民族主義的ナショナリズムが高まっていくことになります。こうしたナショナリズムが求めていたのはより平等な米韓関係であり、駐韓米軍に関わる地位協定の見直しを求める声であり、一部の過激な左派勢力による米軍撤退を求める主義でもあったのです。

グローバル時代と帝国主義

駐韓米大使であるマーク・レッパート氏がソウルのど真ん中で、白昼堂々と、市民運動家を自称する男に襲撃されたのは今年の三月五日のこと。顔から滴《したた》る真っ赤な血を手で押さえながら、足早に現場を立ち去る大使の姿は全世界のテレビに流れ、韓国社会にも大きな衝撃を与えました。全治四週間とはいえ、八〇針も縫う大けがをした背景を「韓国の反米主義」と伝える日本のメディアもありましたが、それは韓国における反米の意味をよく知らないイメージ報道にすぎません。

韓国において反米主義が表面化したのは一九八〇年代の後半からだと申し上げましたが、その背景にあったのは韓国内のマルクス主義的左派勢力の存在でした。ご周知のように、マルクス主義は冷戦時代を通じて国際的な反米主義の中心的理論体系であり続けた思想で、急進的な知識人や学生運動勢力にとっての米国資本主義は、社会主義的革命を通じて打破すべき従来の世界秩序そのものであると理解されていました。韓国において特徴的だったのは、そんなマルクス主義的左派勢力が、同時に軍部独裁に抵抗する民主化闘争の騎手でもあった点です。

しかし、一九九〇年代に入り、冷戦が崩壊するとともに、いわゆるグローバリズムと呼ばれるアメリカ中心の世界秩序が強固に再編されていくなかで、韓国内におけるマルクス主義への支持はもちろんのこと、アメリカ帝国主義に対する反感も次第に薄れていくことになります。

とくに決定的だったのが、一九九七年に起きた韓国の通貨危機で、この危機をきっかけに、韓国社会は積極的に新自由主義を採り入れる方向に舵を切りました。また、政治的には北朝鮮との関係をどう新しく構築していくかも課題となり、従来のように北朝鮮を対決相手としてだけ見るのではなく、対話と協力のパートナーとして見る金大中政権の太陽政策も打ち出されるようになります。さらには、中国の台頭など国際情勢も変化するなかで、米韓関係にかつての冷戦時代とは異なる微妙な動きが察せられる場面もありますが、依然として分断国家であり、北朝鮮のミサイルや核開発疑惑が顕在化する状況において、もはやかつてのようなマルクス主義的反米主義は過去の記憶であるといえます。

では、グローバル時代を迎えて、韓国における反米意識が全くなくなったかというと、そうでもありません。軍事的な帝国主義ではなく、グローバリズムを牽引する経済的なアメリカの帝国主義に対する反発が新たに台頭している側面には注目する必要があります。

それが具体的な事件として現れたのが、二〇〇八年のＢＳＥ騒動です。ちょうど李《イ》明博《ミョンバク》が大統領に就任して最初の年でした。

米国産の牛肉にＢＳＥが混入していた事件で当初は厳しい輸入制限をかけていた李明博政権がその輸入条件を緩和すると発表したところ、予想を超えた大規模でＢＳＥの牛肉輸入反対を訴える運動が展開されたのです。

日本でもかなり報道されたので記憶している読者もいると思いますが、とくにソウルでは数十万人もの市民が毎晩のようにソウル市庁前に集まり、ロウソク集会を開催しました。ただし、八〇年代の学生運動とは違って、母親がベビーカーに自分の子どもを乗せて来たり、父親が子どもを肩車して家族一緒に来たりする姿が見られ、集会が平和裏に行われたのが特徴です。

ロウソク集会では「なぜアメリカの言いなりで規制を緩めるのか」「ＦＴＡによって韓国の畜産業や農業がつぶれる」といった声が上がりました。韓国ではちょうど同じ時期にアメリカとFTAの締結交渉をしていたこともあって、アメリカの経済帝国主義に抵抗するという社会的雰囲気が急浮上したのです。

日本でもBSE問題は牛丼の吉野家が販売中止に追い込まれるなどの大騒動となりましたが、これをアメリカ帝国主義と絡めて見る視点というのはほとんどなかったと思います。また、TPP（環太平洋パートナーシップ協定）の締結交渉が問題になった時も、日本では業界の利権をどう確保するかが論点になっているのに対し、韓国では相手国であるアメリカの横暴や不当性を訴えることが主眼になっていたのが大きく異なる点です。

なぜ、日韓は噛み合わないのか

アメリカに対するこうした認識や世論の違いは、「帝国主義に対する恨」の有無であると解釈するのが妥当ですが、近代以後、帝国主義に苛まれ続けた韓国社会の現実認識のあり方は、日本のそれとは明らかに異なります。

これを単なる被害意識であると揶揄するのは簡単ですが、被害を受けていないにもかかわらず被害を受けたと騒ぐのが被害意識であり、被害を受けているのであれば、当然のことながらそれ相応の自覚を持たなければなりません。また反対に、誰かに被害を与えたのであれば、それなりの加害者意識も求められるのです。

しかしながら、戦後七〇年を迎え、日韓の国交正常化から五〇年が過ぎた今でも、日韓関係はこうした「被害者と加害者の関係」から完全には脱却できていないと感じます。それは単に、この関係を捨て去ることで克服されるものでもなければ、いつまでもこだわり続けることで克服できるものでもない。

陳腐な結論ではありますが、歴史認識問題は、それぞれが自らの歴史と向き合うことでしか克服することができないように、日韓関係もまた、自らの認識や情緒に向き合いながら、相手に対して何ができるのかを問いかける努力が必要です。つまるところ、すべての問題の主導権は自らにある。そんな自覚の欠如が、相手国に葛藤の原因を求める責任転嫁の言説となり、不毛な論争となって自らに跳ね返る現実を招いているように感じます。

そんな思いから、改めて日本の広辞苑を調べて見ると、恨とは「韓国民衆の被抑圧の歴史が培った苦難・孤立・絶望の集合的感情。課せられた不当な仕打ち、不正義への奥深い怒りの感情」とあります。

間違いではありませんが、恨の一部である「怨恨」を切り取った解釈であり、同様の感情は四谷怪談や忠臣蔵のように、日本人の義理人情沙汰としても馴染深いものでもあります。幸いなことは、韓国人の恨は、決して自らの破滅も厭わない「絶対的な悪」を前提とした懲罰的復讐を目指すものではない点です。不当な仕打ちや理不尽さに対する恨の方向性は、常にめでたしめでたしの統合的ハッピーエンドを願う心でもあることを見逃してはなりません。敢えて今だからこそ、そんなハンプリの楽天的情緒を思い起こす必要があるのではないでしょうか。

おわりに

ひとつであり、すべてであり、中心であり、正しさでありながらも、最後はふたたび混沌からやり直すことも厭《いと》わない、韓国人の恨。

完全なる結合体や理想とする正義に向かって二分法的な対立を続けながらも、最後に辿《たど》りつくのは、百家争鳴のバランスをとった中庸《ちゅうよう》でもなければ、絶対的規律の枠内における和でもない、ハンというカオスからの再出発。

そんな中国や日本とは異なる韓国固有の恨の仕組みは、社会の対立が鮮明化し、競争が激化され、家族の分裂が繰《く》り返される状況においても、最後は「何とかなるさ」の楽天的思考となって、ふたたび人々に生命力を吹き込んでいます。

本書において検討したのも、そうした恨の思想と現実社会における諸現象でした。恨とは、情であり、願望であり、怨恨であり、そして救いでもあるのだということを私なりに探求したつもりですが、本を書き終えた最後になって、ちょっと肩に力を入れすぎたのではないかと反省もしています。

と申しますのも、韓国における日常のちょっとした場面を思い起こすだけでも、そこには恨のエッセンスが凝縮されていることに気づかされるからです。

たとえば、韓国人は議論好きで、日常生活においても声を張り上げての会議や対話となることはめずらしくありません。そして、お昼休みになると「まあ、ご飯でも食べてからにしよう！」ということになり、みんなで同じチゲ鍋を囲む。

私にとってはごく当たり前のこうした風景が、日本人の目には不思議にも映るようで「さっきのあの剣幕は何だったの？」とか、「あれ、あれれ……？？」などと驚かれる反応が見られることがよくあります。

確かに、日本で社会生活を送っていると、会議は山ほどあるけれど、どんな会議であれ大声が飛び交《か》うことは滅多にありませんし、もしそのような事態に陥《おちい》れば、それはもう失敗した会議にほかならず、その後味の悪さもけっこう長く尾を引きます。ですから、「議論は冷静に、キレたら負け」という不文律にしたがって、自分の順番が回ってきたところで、あまり強くなりすぎない程度に意見を披露する、というのが大人の作法です。あくまでも、決められたルールの枠内で。

しかし韓国では、そもそもそんなルールなどいったいどこの誰がいつ決めたのか、という話になります。誰もが自分の正当性を信じ、発言権を獲得しながら、積極的に相手を批判します。何の意見も持たない人間には会議に参加する資格はないといわんばかりの自己主張の強さです。一見するとケンカでもしているのかと思われるかもしれませんが、ご心配なく。すべては、より良い結論があると信じるハンの追求に他ならず、だからこそ最後はみんなで鍋を囲むのです。

それに、最後の決定権は「上の誰かにある」という点では、日本も韓国も同じです。

日本では、そこからみんなで決められたことを粛々《しゆくしゆく》と守っていく。韓国では、そこからふたたびハンに向けた議論が始まる。どっちが良いのかと聞かれれば、私の答えは常にひとつです。それぞれに、それぞれのやり方があるのだということなのだと思います。

切りとり線

★読者のみなさまにお願い

この本をお読みになって、どんな感想をお持ちでしょうか。祥伝社のホームページから書評をお送りいただけたら、ありがたく存じます。今後の企画の参考にさせていただきます。また、次ページの原稿用紙を切り取り、左記まで郵送していただいても結構です。

お寄せいただいた書評は、ご了解のうえ新聞・雑誌などを通じて紹介させていただくこともあります。採用の場合は、特製図書カードを差しあげます。

なお、ご記入いただいたお名前、ご住所、ご連絡先等は、書評紹介の事前了解、謝礼のお届け以外の目的で利用することはありません。また、それらの情報を6カ月を越えて保管することもありません。

〒101－8701（お手紙は郵便番号だけで届きます）
祥伝社新書編集部
電話03（3265）2310

祥伝社ホームページ　http://www.shodensha.co.jp/bookreview/

★本書の購入動機（新聞名か雑誌名、あるいは○をつけてください）

＿＿＿＿新聞の広告を見て	＿＿＿＿誌の広告を見て	＿＿＿＿新聞の書評を見て	＿＿＿＿誌の書評を見て	書店で見かけて	知人のすすめで

★100字書評……恨《ハン》の国・韓国

名前

住所

年齢

職業

金　慶珠　キム・キョンジュ

韓国・ソウル生まれ。梨花女子大学社会学科卒業。東京大学大学院総合文化研究科博士課程修了。専門はコミュニケーション論、メディア論を中心とした社会言語学。現在、東海大学教養学部国際学科准教授。日韓両国で多くのテレビ番組にコメンテーターとして出演、歯に衣着せぬ発言で注目を浴びる。2005年、韓日仏教文化財団より韓日仏教文化学術賞を受賞。『歪みの国・韓国』(祥伝社新書)は、ロングセラーとなっている。

恨《ハン》の国・韓国
――なぜ、日韓は噛み合わないのか

金《キム》　慶珠《キョンジュ》

2015年5月10日　初版第1刷発行

発行者……………竹内和芳
発行所……………祥伝社しょうでんしゃ
〒101-8701　東京都千代田区神田神保町3-3
電話　03(3265)2081(販売部)
電話　03(3265)2310(編集部)
電話　03(3265)3622(業務部)
ホームページ　http://www.shodensha.co.jp/

装丁者……………盛川和洋
印刷所……………堀内印刷
製本所……………ナショナル製本

Printed in Japan　ISBN978-4-396-11406-0　C0239